자연을 돌보는 친환경 생활

LIVE GREEN

Text Copyright © Jen Chillingsworth 2019
Illustrations © Amelia Flower 2019
All rights reserved.
First published in the United Kingdom by Quadrille, an imprint of Hardie Grant UK Ltd. In 2019

Korean translation copyright © 2023 by T-IME Education C&P
All rights reserved.
Korean translation rights arranged with HARDIE GRANT BOOKS through EYA Co.,Ltd

이 책의 한국어판 저작권은 EYA Co.,Ltd를 통해 HARDIE GRANT BOOKS와 독점 계약한 ㈜타임교육C&P가 소유합니다.
저작권법에 의해 한국 내에서 보호를 받는 저작물이므로 무단 전재 및 복제를 금합니다.

"힘들어도 견뎌보자. 믿기지 않겠지만,
굉장히 근사한 일이 아주 짧은 시간에
일어나기도 하니까."

_프랜시스 호지슨 버넷 Frances Hodgson Burnett

자연을 돌보는
친환경 생활

지속가능한 환경과
의식주를 위한 작은 실천

젠 칠링스워스 지음
아멜리아 플라워 그림
김동은 옮김

| 일러두기 |

옮긴이와 편집자 주는 로 표시하였습니다. 별도로 '편집자' 표기가 없는 것은 옮긴이 주입니다.

목차

들어가며 —— *6*

1. 자연을 품은 집과 정원 —— *12*

2. 자연을 돌보는 살림 —— *40*

3. 자연과 함께하는 식생활 —— *60*

4. 자연을 생각하는 옷 입기 —— *106*

5. 자연을 닮은 아름다움 —— *126*

6. 자연을 품은 크리스마스 —— *146*

부록 | 친환경 아이디어가 넘치는 곳 —— *158*

들어가며

친환경적으로 살고자 노력하는 사람들이 많아졌다. 우리는 재활용하고, 쓰레기와 플라스틱을 줄이려 애쓰며, 친환경 청소용품을 고른다. 먹거리도 환경과 밀접하니, 고기를 덜 먹거나 유기농 식품을 산다. 힘닿는 대로 노력한다 해도 뉴스와 자연 탐사 프로그램에서 인류가 오랫동안 지구에 저질러온 끔찍한 잘못을 고발하는 걸 볼 때면 여전히 부족한 마음, 죄책감마저 든다. 우리네 삶과 지구에 도움이 될 변화를 꾀하려 애쓰지만, 눈에 보이는 결과를 얻지 못하면 패배감을 느끼기도 한다. 나도 같은 일을 겪었기에 경험으로 말할 수 있다.

아들이 어렸을 때 나는 예술 경영 분야에서 일했다. 밀려드는 업무에 끊임없이 불안하고 짜증스러운 나날이었다. 하루도 쉬지 않고 아들을 학교에 데려다주고, 스트레스 가득한 출퇴근길을 견디고, 유쾌하지 않은 회의를 하며 나는 매일매일 두려움을 느꼈다. 이대로는 행복하지 않다는 생각, 그런 불만과 불안을 덜어내려고 옷, 잡지, 값비싼 화장품, DVD, 초콜릿, 와인을 끝없이 사들이는 내 모습. 기본적으로도 나는 소비를 즐기는 편이었다. 가까운 친구들보다 우리 집에 오는 택배기사를 더 자주 봤을 정도다. 그 와중에 남편이 정리 해고 때문에 의료 서비스 분야로 이직을 하며 우리 둘 다 밤 늦게까지 근무하는 날이 많아졌다. 아들을 챙기는 일은 한층 더 힘들어졌고, 결국 우리 부부는 스트레스에 시달리던 내가 회사를 그만두고 좀 더 여유로운 일을 찾아보기로 합의했다.

소비를 즐기긴 했지만, 나는 나름대로 친환경적으로 살고 있다고 믿었다. 재활용 상품, 유기농 우유, 친환경 청소용품을 골라 샀고, 분리수거를 철저히

했으며 지자체에서 수거하지 않는 물품은 재활용 센터에 가져갔다. 빈방에 불을 켜두거나 양치하는 동안 수돗물을 틀어놓지도 않았다. 조금씩 남은 음식은 버리지 않고 다음 끼니로 먹었다. 이 정도면 할 만큼 하고 있다고 생각했다. 그러다 문득, 장보기에 쓴 엄청난 양의 비닐봉지가 눈에 들어왔다. 어느 날엔 아들의 점심 도시락에 쓴 일회용 물병과 종이 상자는 재활용 쓰레기통에 넣었으니 괜찮으려나? 하는 생각이 스쳤고, 또 한번은 세제를 살 때마다 쌓인 계량용 뚜껑은 왜 이렇게 많이 갖고 있는지 갑자기 의문이 들기도 했다.

일을 그만둔 후, 운 좋게도 집 근처에서 시간제 일자리를 찾았다. 한동네 가족이 꾸리는 판매용 채소밭이었는데, 이 일로 내 삶은 전환점을 맞았다. 청명한 여름날(힘들고 축축하며 어두침침한 겨울에도 마찬가지지만) 야외에서 과일, 채소와 여타 식물을 기르는 법을 배웠고, 씨를 언제 뿌려야 적당한 때 싹이 터서 제대로 수확할 수 있는지 이해하게 되었다. 알아두면 요긴한 지식이기도 했지만, 덕분에 식탁에 음식이 오르기까지의 고생스러움과 자연이 인간에게 주는 큰 행복을 깨달았다. 얼굴에 내리쬐는 햇살에 고마워하고, 내가 기른 신선한 허브를 자를 때 나는 향기를 마음껏 맡으며, 모종밭의 다년초를 맴도는 벌을 지켜보았다. 진흙투성이로 녹초가 되어 돌아오기 일쑤였지만 한동안 잊고 살던 온전한 행복을 느꼈다.

채소밭은 환경을 생각하는 관점에서 땅을 보살피는 법을 알게 해준 곳이다. 살충제를 뿌리지 않은 덕분에 양배추 잎 사이에 보금자리를 마련한 애벌레를 만났다. 처음에 단정하게 줄지어 심은 콜리플라워, 케일, 호박 같은 작물은 시간이 지나며 잡초가 에워싸는 바람에 시야에서 사라지곤 했다. 수확할 때는 쐐기풀에 잔뜩 쏘인 팔다리 때문에 종종 고통스러웠지만, 언제나 그럴 만한 가치가 있었다. 갓 딴 채소를 바로 씻어 먹으면 진짜 풍미를 갖춘 놀라운 맛이 났기 때문이다.

일터가 바뀌며 큰 행복을 얻었지만, 소득은 현저히 줄었다. 슬슬 소비 습관을 바꿔야만 했다. 우선 아들의 학기 중에만 일하고 보육비가 들지 않으니 많은 면에서 생활이 쉬워졌다. 집에서 채소밭까지 걸어 다니니 유류비도 크게 줄었다. 채소밭에서 받는 돈은 예전 직장에서 벌어들이던 수입의 3분의 1 정도여서 명품을 사들인다거나 해외에서 보내는 휴가는 꿈도 꿀 수 없었다. 하지만 아들과 함께 집에서 보낸 첫 여름방학은 가장 행복한 추억을 선사했고, 그 기억이 지금의 삶으로 나를 이끌었다. 우리는 자연을 누비며 꽃과 나무를 관찰했고, 황무지에서 블랙베리와 월귤나무 열매를 찾아다녔다. 모래 언덕에서 캠핑하고 해변에서 찰싹거리는 파도 소리를 들으며 밤하늘의 별자리를 경외심으로 바라보았다. 자연은 감동의 연속이었다. 나는 단순한 삶의 방식이 지닌 가치를 이해할 수 있었고, 블로그에 우리 가족의 도전과 생활의 변화를 기록하기 시작했다.

지금의 느리고 단순한 삶이 다음 세대에 더 나은 삶을 물려줄 수 있다. 나는 아들에게도 좀 더 의식적으로 사는 법을 알려주고 싶었다. 덜 사고 더 행동하며, 덜 원하는 대신 이미 가진 것을 즐기는 일. 우리 가족은 이 방식을 적극적으로 받아들였다. 무언가 사야 할 때면 우리의 새로운 가치관에 어긋나지 않는 제품을 심사숙고해 골랐고, 친환경적인 집과 생활을 꾸려나갔다. 슈퍼마켓까지 걸어 다니기, 장바구니 사용하기, 음식물 쓰레기 줄이기, 빈티지 의류 사기 같은 일은 상대적으로 실천하기 쉬웠다. 그러나 아직 갈 길이 멀다고 느꼈다. 환경에 관한 책을 읽고 변화를 이끌어 내려고 애쓰는 다큐멘터리와 웹사이트를 찾아볼 때마다 나는 압도되고 갈등했다. 충분히 행동하고 있지 않다는 죄책감이 들었다.

본격적으로 책과 기사를 두루 찾다 보니 실용적이지 않으며 이해하기도 어려운 방법을 제시하는 경우가 많았다. 그때부터 나는 단순하고 느리게 사는 법을 우리가 직접 택할 수 있고, 무작정 정보를 따르기보다 일상에서 할 수 있는 일을 해야 한다는 생각이 들었다. 일 년에 걸쳐 내가 생각한 길을 따라왔고, 고백하건대 아이디어 몇 가지는 완전히 실패했다. 하지만 나머지 성공 덕분에 우리 집은 훨씬 더 순조롭게 돌아갔고, 생활이 한결 안락해졌으며, 돈도 절약하게 되었다.

우리 가족이 실천한 변화를 모은 이 책이 독자 여러분에게도 도움이 되길 바란다. 나의 조언은 모두를 위한 것으로, 사는 곳이나 하는 일에 구애되지 않는다. 그저 습관을 바꿔 일상의 한 부분으로 삼는 일이 대부분이다. 실천하기 쉬우면서도 유용한 아이디어이고, 작은 행동으로 큰 변화를 만들 수 있는 일들이다.

사는 곳, 삶의 모습은 저마다 다르겠지만 아름다운 지구를 돌볼 방법을 찾는다는 점에서 우리는 모두 같은 지점에 있다.

단순하게 살자.
자연을 돌보며 살자.

자연을 좀 더 의식하는 삶

소비를 대신하는 절약과 재생
원하는 건 줄이고, 즐기는 건 늘리자

1.
자연을 품은 집과 정원

"세상에서 가장 근사한 단어는, 집."

_로라 잉걸스 와일더 Laura Ingalls Wilder

친환경 집과 정원

나는 집에 진심이다. 집이 단순히 살아가는 공간이 아니라 사는 이에게 즐거움을 주는 곳이어야 한다고 믿는다. 공간이 크든 작든 중요치 않다. 아이가 안전하게 자라고, 힘든 하루를 보낸 후 편안한 쉴 곳이 되며 추운 겨우내 포근한 안식처가 되어준다면 더할 나위 없다. 우리는 집에서 많은 시간을 보낸다. 그러니 벽에 칠하는 페인트, 잠자리에 필요한 침구부터 집에 들이는 모든 물건, 집에서 소비하는 에너지에 이르기까지 하나하나가 전부 우리의 안녕과 환경에 영향을 미친다는 걸 꼭 기억해야 한다.

정리 정돈

우리 모두 한 번쯤은 더 이상 필요하지도 좋아하지도, 그리고 쓰지도 않는 물건이 집에 너무나 많다는 생각을 해봤을 거다. 내게는 기억에서 사라진 잡동사니를 너무 많이 욱여넣은 탓에 잘 닫히지도 않는 벽장과 서랍이 있었다. 이쯤에서 흠칫하는 독자가 있을지도 모르겠다. 집을 치우고 정리하는 것은 많은 면에서 도움이 된다. 단정한 분위기를 만들며 물건을 찾아 헤매는 일이 줄어들고 청소는 덜 해도 된다 (언제나 환영할 만한 일이다).

수납 가구를 사서 모든 가재도구를 정리하면 된다고 생각하는 사람이 많지만, 가구를 더 들이는 건 해결책이 아니다. 진짜 문제는 우리가 너무 많이 가지고 있다는 점이다! 잡동사니는 버리고 종이 고지서는 전자 고지서로 바꾸며, 필요 없는 물건은 기부한다면 좀 더 환경에 이로운 집을 만들 수 있다.

30분 정도의 짬을 내서 휴대전화 타이머를 설정하자. 그 시간 동안 방이나 벽장, 서랍 하나를 정해서 한동안 사용하지 않았거나 굳이 간직하고 싶지 않은 물건을 정리한다. 정리한 물건들은 버려야 할 쓰레기, 자선 단체에 기부하거나 친구 또는 가족에게 나눌 물품, 팔고 싶은 것으로 나누자. '내가 이걸 언제 마지막으로 사용했더라?' 생각하면서 물건을 정리하면 도움이 된다. 쓴 지 1년이 넘었다면 떠나보내도 될 때다.

침실

사용했지만 깨끗한 침구와 담요는 노숙자 쉼터나 동물 구조 단체에 기부하자. 한 짝만 남았거나 해진 양말은 버리거나 청소할 때 걸레로 쓴다. 옷은 자선 단체나 중고품 가게에 기부하거나 친구들을 불러 '옷 교환 모임'을 열자(125쪽 참고).

욕실

날짜가 지난 약은 약국에 가져간다. 약을 변기에 넣고 물을 내리면 하수도로 흘러가기 때문에 그렇게 하면 안 된다. 기념일에 선물로 받았지만 한 번도 안 쓴 화장품은 자선 단체에 기부하자.

거실

잡지와 신문 더미는 재활용품으로 내놓고 온라인으로 구독할 수 있는지 알아보자. 손이 잘 가지 않는 CD와 DVD는 모아서 팔거나 기부한다. 다시 읽지 않을 책도 마찬가지다. 도서관에서 상태가 괜찮은 기증 도서를 받아준다면 지역사회에도 기여할 수 있다. 필요 없는 가정용품도 기부하거나 중고로 팔자. 보드게임이나 퍼즐은 어린이집, 방과 후 학교 단체, 어린이 병동, 노인 요양원에 기부할 수 있다.

부엌

다들 하나쯤 있을 잡동사니가 그득한 서랍을 정리하자. 배달 메뉴와 광고지는 재활용하고 선반 뒤쪽에 처박힌 해묵은 식품 포장과 청소용품도 치운다.

그릇은 중고 거래에서 인기가 많다. 냄비, 오븐용 찜기, 저장 용기 같은 건 특히 빠르게 팔린다. 집에 있는 머그잔과 접시를 세어보라. 우리는 세 명밖에 없는 작은 가족인데 머그잔이 스무 개도 넘었다! 기부하거나 팔아 새 주인을 찾아주자.

의미 있는 물건 정리하기

- **물려받은 것이나 기념품:** 좋아하지도 않고, 실제로 필요하거나 쓰지도 않으면서 간직하는 것들이 있다. 물건의 의미를 떠올리기보다는 그냥 의미가 있으니까 가지고 있는 물품들. 나는 결혼하고 한참 동안 웨딩드레스를 간직했는데, 다시 입을 일도 없고 맞지도 않았지만 삶의 중요한 순간을 기념하는 물건이니 지니고 있어야 한다고 생각했다. 하지만 결혼식 날의 추억을 더 소중히 간직하기로 하고, 결국 자선 단체에 기부했다. 물려받은 가구든, 아기 옷이든, 사랑하는 이가 준 선물이든 물건을 정리하는 핵심은 '이 물건이 내게 어떤 의미인가'를 묻는 것이다. 어떤 물건에 감정적으로 강한 애착을 느낀다면 간직해야겠지만, 그렇지 않다면 정리하는 편을 고려하자.

- **아이의 추억이 담긴 물건:** 아이가 만든 작품을 버리기 쉽지 않은 부모 마음은 모두 마찬가지일 것이다. 그래서 정신을 차리고 보면 벽장이나 서랍에 엄청난 양이 쌓여 있다. 다 자란 아이들이 자신의 유년기 추억이 담긴 물건을 가지고 싶어 할 거로 생각하겠지만, 막상 그렇지 않다. 작품이나 손으로 만든 카드 하나하나를 간직하기보다는 가장 소중한 두어 개를 고르자. 나머지는 처분하기 전에 사진으로 남기거나 컴퓨터에 스캔해 두고 추억이 담긴 스크랩북을 만들면 나중에 다 같이 볼 수 있다.

페인트칠과 벽지 바르기

휘발성유기화합물VOCs이 일으키는 다양한 건강상의 문제에 대해 들어본 적 있는가? VOCs는 페인트, 바니시, 왁스에 폭넓게 쓰이며, 고체나 액체에서 기체 형태로 방출된다. 페인트를 예로 들자면 건조 과정에서 공기 중으로 방출되는 VOCs가 있는데, 바른 후 수개월에서 수년 동안 독성이 남기도 한다. 어떤 VOCs는 발암물질을 포함하며 환경에도 악영향을 미치기에 페인트에 사용하는 것이 법으로 엄격히 규제된다. 많은 브랜드에서 실내용으로 VOCs가 적은 페인트를 출시했지만, 그런 페인트들도 여전히 암모니아, 포름알데히드, 아크릴 연화제처럼 실내 공기 오염의 주원인인 골치 아픈 물질을 함유하고 있다.

▎친환경 대안으로 바꾸자.

벽 페인트
결로와 곰팡이를 줄이는 효과가 있는 친환경 페인트는 대부분 VOCs가 거의 들어있지 않고, 마셔도 큰 문제가 없어 부엌이나 욕실에 적당하다. 시간이 지나서 더러워진 부분을 다시 칠할 때 이런 페인트를 찾자. 친환경 페인트는 알레르기나 천식 증상을 줄이는 데도 도움이 된다. 나는 완제품 또는 가루 형태로 파는 점토 페인트를 좋아한다. 카세인 성분이 든 페인트도 좋은 선택지이지만, 우유 단백질로 만들기 때문에 비건에게는 적당하지 않다.

실내 목조부 페인트
유광이든 무광이든 친환경 수성 페인트를 선택하자. 일부 브랜드에서 식물성 기름으로 만든 유성 페인트를 선보이기도 했지만, 유성 제품은 피하는 게 최선이다.

왁스나 바니시
마루와 목조부에 칠하려면 독성이 없는 천연 수성 제품을 찾자. 왁스는 보통 밀랍으로 만들지만, 비건을 위한 식물성 왁스도 있다.

가구용 페인트
초크 페인트나 미네랄 페인트를 고르자. 가장 좋은 제품에는 VOCs, 포름알데히드, 암모니아가 거의 들어있지 않다. 크게 준비할 일 없이 간단히 칠할 수 있으며 넓은 면적에도 잘 발리고 물로 씻어낼 수도 있다.

아이 방 페인트
아이 방이나 물건에 페인트를 쓴다면 '장난감용 페인트 규정(또는 각 국가의 비슷한 안전 인증 법규)'을 준수하는 제품을 찾자. 영유아는 무엇이든 입에 넣는 걸 좋아하기 때문에 아기 침대의 난간을 씹거나 핥더라도 몸에 해롭지 않아야 한다. 독성 물질이 조금도 없는 제품을 조사해 구매하자. 많은 친환경 브랜드가 영유아에게 무해한 페인트를 생산한다.

쓰고 남은 페인트

지자체에 재활용을 문의한다. 또는 남은 페인트를 재사용하거나 되팔 수 있는 자선 단체가 있는지 온라인에서 찾아 기부하자.

벽지

산림관리협의회의 FSC 인증을 받은 종이로 만든 벽지를 선택한다. 이 인증은 윤리적으로 관리한 나무를 사용했다는 뜻이며, 한 그루를 벨 때마다 더 많은 나무를 심었다는 의미이기도 하다. 쓰레기는 덜 생기고 나무를 베지 않아도 되는 재생 벽지를 쓰는 것도 좋다. 요즘은 무독성 수성 잉크로 무늬를 인쇄한 벽지도 다양하게 나와 있고, 괜찮은 빈티지 벽지도 어렵지 않게 구할 수 있다. 아크릴, 용해제, 살균제가 들어있지 않은 풀이나 접착제를 찾자.

에너지 효율 관리

가정에서 사용하는 에너지를 잘 관리하자. 작은 실천이 모이면 환경은 물론 가계에도 큰 보탬이 된다. 다음에 제시한 아이디어들은 대개 우리의 사소한 습관만 바꾸는 것이다. 나는 우리 집에서 여기에 열거한 변화를 모두 실천했으며, 겨우내 포근하고 따뜻하게 지내면서도 에너지 비용을 줄일 수 있었다.

재생에너지 사용

재생에너지를 사용할 수 있는지 알아본다. 비용을 절감하면서 탄소발자국도 줄이고 싶다면 해볼 만한 일이다. 재생에너지는 이산화탄소 및 대기에 방출되는 다른 온실가스를 줄이며, 석유와 석탄 의존도를 낮추고, 지역 자원을 활용한다. 온라인으로 지자체의 태양광, 태양열 등 재생에너지 사용 지원 사업을 찾아보자.

난방

온도 조절 장치의 온도를 1도 낮추면 집 안의 온기 차이는 거의 느끼기 어렵지만, 난방 요금은 놀랍게 줄어든다.

스마트 계량기 도입

사는 지역이나 건물 형태에 따라 스마트 계량기 도입이 가능한 경우가 있다. 스마트 계량기는 에너지 사용량과 비용을 정확히 보여준다. 서의 실시간으로 계량기 숫자를 확인하다 보면 낭비하는 에너지가 피부로 느껴지며 내가 실천할 수 있는 긍정적인 변화를 고민하게 된다.

텔레비전

텔레비전이 클수록 전기를 더 많이 소비한다는 사실을 아는가? 거거익선이라는 우스갯소리가 있지만, 돈과 에너지를 절약해 주는 건 작은 텔레비전이다. 보는 사람이 없을 땐 반드시 끄고 대기 상태로 두는 일도 없도록 하자. 대기전력이 소모되기 때문이다.

라디에이터 포일

라디에이터를 쓴다면 아주 간단하고도 효과적인 에너지 절약법이 있다. 우리 할아버지는 커다란 판지를 알루미늄 포일로 감싸 라디에이터 뒤에 세워두셨는데, 까닭을 알지 못한 어린 시절에는 그저 이상하다고만 생각했다. 하지만 포일로 감싼 판지는 열을 반사해 벽을 통해 새어 나가는 열을 집 안으로 되돌려 보낸다. 이 방법을 사용하면 방을 빠르게 데우면서 열 손실을 50퍼센트까지 줄일 수 있다. 부엌용 포일보다는 철물점에서 살 수 있는 라디에이터용 포일을 선택하자.

문풍지

문과 창문 틈으로 많은 열이 빠져나간다. 창틀 주변의 좁은 틈에는 고무 방풍막이나 접착제를 바른 발포 고무를 사용한다. 문 주변의 큰 틈은 낡은 팬티스타킹을 이용한 방풍막을 직접 만들어 막아보자. 스타킹에서 다리 하나를 자르고 수공예점에서 파는 속 재료나 다른 오래된 스타킹을 잘게 잘라서 채운다. 양 끝을 묶어주면 끝이다. 더 예쁘게 만들고 싶다면 괜찮은 천 조각을 구해서 바느질한다.

조리 습관

음식이 빨리 익도록 냄비 뚜껑을 덮고, 냉동식품은 전자레인지에서 해동하기보다 밤새 냉장실에 둔다. 주전자나 냄비에는 물을 필요한 만큼만 채우고 음식 하나를 만들자고 오븐을 사용하지는 말자.

집에 어울리는 중고품 고르기

가격이 적당하고 개조할 수 있으며 구매도 쉬운 조립식 가구 세트로 집을 꾸미는 사람이 많다. 안타까운 건, 조립식 가구의 내구성이 뛰어나지는 않기 때문에 수리할 수 없는 경우에는 종종 폐기물 처리장으로 보내진다는 사실이다. 그러니 새로운 가구를 들일 때는 좀 더 주의를 기울이자. 덜 사고 대안을 찾는 것이 가장 좋다. 나는 우리 집에 어울리는 빈티지 아이템을 즐겨 찾는데, 동네 중고품 자선 바자, 중고품 할인점, 벼룩시장, 골동품 박람회에서 괜찮은 물건을 우연히 마주치면 기분이 그렇게 좋을 수 없다. 물건에 새로운 의미를 부여해 새 보금자리를 찾아주고 아주 독특한 물건을 찾을 수 있다는 점이 마음에 든다.

특정 시대의 가구를 찾는다면 그 시기의 제조업자를 모두 찾아보기를 권한다. 어떤 디자이너의 작품이 유행하면 더 높은 가격에 팔리곤 하는데, 다른 장인이 만든 비슷한 스타일의 가구가 품질은 똑같이 우수하면서 가격은 낮을 수 있다.

나는 20세기 중반에 만든 식탁용 의자를 몇 년간 찾아 다녔다. 경매 웹사이트에서는 가격이 높아 사지 못하고 있다가, 마침내 아주 운 좋게도 두 개는 중고품 자선 바자에서, 하나는 작은 골동품 가게에서 구했다! 가격은 온라인에서 제시한 것에 비하면 몇분의 일 수준이었다. 1인용 의자는 현란한 분홍색 페인트칠에 보라색 나비 모양 스텐실 장식이 있었는데, 약간의 돈과 큰 노력을 들여 벗겨냈다. 사포질 몇 시간에 왁스칠 두어 번으로 새것처럼 말끔한 의자가 됐다.

박람회나 폐기물 처리장에 갈 때는 찾고 싶은 물건을 휴대전화에 메모해 가

자. 종종 고를 만한 물건이 너무 많아서 버거울 정도니 준비하고 가는 것이 좋다. 판매자와 이야기를 나누고 흥정하는 일을 두려워할 필요는 없다. 처음에는 당혹스러울 수 있지만 상인들은 이런 일에 익숙하다. 물품의 상태를 확인할 때는 수리비까지 가격에 넣어 계산하면서 구매 전에 꼼꼼히 보자. 줄자와 치수 목록을 챙겨 가야 사고 싶은 물건이 우리 집 공간에 맞는지 알 수 있다. 또한 직접 집까지 가져갈 수 있는지, 아니면 배달 서비스가 있는지도 확인하자. 현관으로 들일 수 있는지, 계단에 올릴 수 있는 크기인지도 알아야 한다. 지역 골동품 상점과 폐기물 처리장을 온라인으로 검색해 정기적으로 찾아가자. 나를 위해 물건을 구해줄 수 있는 판매자와 안면을 트고 지내면 원하는 물건을 찾기 좋다.

시작은 단순하게

미술품, 직물, 간단한 수납함처럼 집에 들이기 쉬운 물건부터 시작한다. 다른 용도로도 쓸 수 있는 물건이면 더욱 좋다. 에나멜을 담았던 용기는 화분으로 적격이고 프랑스제 카보이 병*은 근사한 꽃병이나 테라리엄**이 된다. 배선을 새로 해야 하는 조명이나 전자 제품은 전기 기사에게 가져가자. 그래야 사용 전에 안전을 보장할 수 있다.

❖ 강산액이나 음료를 운반하기 편하게 만든 원통 모양의 병
❖❖ 식물이나 작은 동물을 기르는 유리 용기

새로운 쓰임 찾아주기와 업사이클링

이미 있는 가구에 새로운 용도를 찾아주거나 업사이클링하면 물건에 새 활력을 불어넣어 쓰레기장으로 가는 것을 막을 수 있다. 몇 가지 간단한 변화를 주면 조립식 가구도 우리 집에 어울리는 개성 넘치는 작품으로 탈바꿈한다.

> 집과 정원에 있는 물건의 쓰임을 바꾸거나 업사이클링하는 데 도움이 될 아이디어를 소개한다.

페인트칠하기

언젠가 값비싼 물건을 파는 번화가 상점에서 우연히 본 옷장이 마음에 들어 알아보니 우리가 생각한 가격대에서 한참 벗어나 있었다. 대신 비슷하게 생긴 저렴한 조립식 가구를 사기로 했다. 페인트를 두어 번 칠했더니 싸구려 옷장이 근사하게 변신했다. 새 가구나 골동품에 페인트칠을 하는 것은 수고로워도 해볼 만하다. 무독성에 VOCs가 적게 들어있어 가구에 적합한 미네랄이나 초크 페인트를 선택하자(19쪽 참고).

집에서

- 헌 스웨터로 벤치나 스툴에 커버를 씌우자. 스웨터를 바닥에 평평하게 펼치고 그 위에 의자를 거꾸로 놓는다. 스웨터로 앉는 부분을 감싸고 아래쪽을 스테이플러로 고정한 후 남는 부분은 정리한다.
- 과일 상자나 와인 상자는 책이나 그릇을 보관하기에도 좋고, 뒤집어서 침대 협탁으로 쓸 수도 있다. 초크 페인트나 미네랄 페인트로 살짝 칠해주자.
- 낡은 액자에 나만의 작품을 만들어 넣자. 산책길에 들꽃을 꺾어 오거나(멸종 위기종을 꺾지 않도록 주의한다.) 정원에서 꽃이나 허브를 구할 수 있다. 잘 말려서 질 좋은 압지 사이에 넣고 요리책처럼 묵직한 것으로 일주일 동안 압지를 눌러둔다. 흰색

이나 검은색 판지 위에 압화를 놓고 액자에 끼운다.
- 오래된 책장이나 진열장에 페인트를 칠하고 자투리 벽지나 꽃무늬 포장지로 가장자리를 꾸미면 멋지게 변신한다.

정원에서
- 에나멜 그릇을 화분으로 쓰자. 머그잔, 사발, 저장 용기, 찻주전자에 허브를 심으면 예쁘다. 그릇 바닥에 구멍 두어 개를 뚫고 배수용 자갈 한 줌을 넣는다.
- 매다는 꽃바구니나 화분에 헌 모직 스웨터를 두른다. 모직은 수분 유지 능력이 탁월한데, 특히 화분에 물이 더 많이 필요한 더운 계절에 진가를 발휘한다. 모직물은 나중에 퇴비 처리장에 버리면 된다.
- 낡은 의자는 화분 받침으로 다시 태어날 수 있다. 앉는 부분을 떼고 그 자리에 딱 맞는 양동이나 화분을 끼우자. 여기에는 다육식물이 잘 어울린다.

천연 식물섬유 제품 사용

합성섬유 제품을 천연섬유로 바꿔 집을 좀 더 친환경적으로 꾸미자. 합성섬유는 쿠션과 커튼에서부터 담요, 침구에 이르기까지 어디에나 쓰인다. 천연섬유보다 훨씬 저렴하고 만들기도 쉽지만, 석유화학 제품이라서 제조 과정에 에너지가 많이 든다. 게다가 생분해되지 않아 결국엔 쓰레기장으로 간다. 천연섬유 제품을 대신 구매하면 재배하고 수확하는 개발도상국의 고용과 경제에도 도움이 된다. 천연 식물섬유는 생분해되어 퇴비로 쓸 수 있고 재활용하기도 쉽다.

나는 합성섬유로 만든 커튼, 침구, 쿠션 등을 차츰 완전한 천연섬유 제품으로 바꾸고 있다. 보송한 리넨 시트와 베갯잇을 씌운 침대에 들어가는 순간의 행복을 느끼면 다시는 다른 소재로 만든 침구에서 잠을 청하고 싶지 않을 것이다. 장담한다!

▎친환경 대안으로 바꾸자.

유기농 면

면화를 재배할 때는 대개 살충제와 제초제를 아주 많이 살포한다. 이 화학물질은 토양에 스며들고 강과 지하수에 흘러들어 인근 지역에서 오염과 장기적인 건강 문제를 일으킨다.

면을 유기 농법으로 새배하면 생물다양성을 보존하고 환경에 도움을 줄 수 있다. 물도 훨씬 덜 사용하고 살충제는 거의 쓰지 않는다. 유기농 면으로 만든 욕실 수건, 행주, 침구, 담요를 손쉽게 찾을 수 있다.

리넨

리넨은 아마로 만든다. 아마는 전체를 수확해서 식품이나 직물로 쓰기 때문에 쓰레기가 전혀 나오지 않는 것이 장점이다. 게다가 재배할 때 목화에 비해 물이 훨씬 덜 들고 화학 비료도 필요하지 않다. 리넨은 햇빛에 강하고 단열 효과가 우수해 커튼으로 적합하다. 보풀이 생기지 않고 내구성이 뛰어나며 시간이 지날수록 부드러워진다. 여름에는 시원하고, 겨울에는 따뜻한 느낌이 든다.

리넨으로 된 제품을 찾을 때는 유럽산 아마를 쓰는 브랜드를 고르자. 유럽의 아마 재배 농부들은 환경을 존중하여 빗물을 재사용하고, 유전자조작 작물을 기르지 않으며 쓰레기를 배출하지 않겠다는 약속을 한다.

사이잘삼

사이잘삼은 아가베 잎에서 얻는다. 실로 자아 러그를 짜는데, 내구성이 좋아 러그나 카펫에 자주 사용하는 황마나 코이어❋보다 튼튼하다.

삼

삼은 빨리 자라고 가뭄에 강하다. 살충제가 필요 없으며 오히려 흙에서 살충제 성분을 제거하기까지 한다. 항균성과 내구성이 뛰어나며 완전히 생분해된다. 삼베 수건, 식탁보, 쿠션 커버, 샤워커튼이 시중에 많이 나와 있다.

염료

천연섬유로 만든 직물도 종종 인공 원료로 염색하고 가공한다. 그러므로 가능한 한 식물성 염료를 쓴 제품을 구매하자. 아니면 리넨이나 삼베 같은 천연 직물을 골라 아보카도 껍질, 양파, 장미, 체리, 딸기, 라벤더로 직접 염료를 만들어 염색해 보자. 방법은 온라인에서 무수히 찾을 수 있다.

❋ 야자나무 열매껍질에서 채취한 섬유

집 안에 들이는 자연

나는 집 안 곳곳에 식물을 두는 것을 좋아한다. 식물은 따분한 일상에 기쁨과 행복을 주며 생기를 전한다. 무엇보다 실내 공기 정화에 도움이 된다.

1989년, 우주정거장의 공기를 깨끗하게 유지하는 방법을 연구하던 나사 NASA는 특정한 실내용 화초가 벤젠, 포름알데히드, 트리클로로에틸렌 같은 공기 중 유해 물질을 대폭 줄인다는 점을 발견했다. 집 안의 페인트, 청소용품, 카펫, 플라스틱이 흔히 방출하는 이 독성 물질들에 장기간 노출되면 두통, 메스꺼움, 어지러움, 호흡기 질환이 생긴다. 30년도 더 된 연구지만 결과는 지금도 다를 바 없으니, 실내에 식물을 들이면 더 깨끗하고 몸에 좋은 공기를 호흡할 수 있다.

이제부터 소개할 화초들은 공기 정화에 탁월하다. 키울 때 유용한 조언을 함께 담았는데, 공통적으로 식물이 성장하는 시기에는 해초 액체 비료나 유기농 비료를 뿌려주면 좋다. 고양이나 개와 같은 반려동물이 독성 있는 식물을 씹지 않도록 주의하고, 아무도 해를 입지 않을 만한 곳에 화분을 두자.

산세비에리아

밝은 빛을 좋아하지만 약간 그늘이 져도 괜찮다. 봄여름에는 흙이 완전히 젖을 정도로 물을 준다. 겉흙이 몇 센티미터 정도 마르면 물을 준다. 가을과 겨울에는 물을 조금만 주자.

무늬 접란

밝은 간접광을 좋아한다. 봄여름에 물을 충분히 주고 가을과 겨울에는 조금만 준다. 매우 빨리 자라므로 봄마다 분갈이를 해주자. 침실에 두기 좋으며, 이틀 이내에 공기 중 유해 물질의 90퍼센트를 제거한다고 한다.

스파티필룸

간접 태양광과 그늘을 좋아한다. 습한 곳에서 잘 자라므로 욕실에 두면 좋지만, 다른 곳에서도 주기적으로 물을 분무해 주면 똑같이 잘 자란다. 물을 너무 많이 주지 않도록 주의하자. 형광등 조명에 강해 사무실에도 적합하다.

아이비

간접 태양광과 약간 그늘진 곳을 좋아한다. 여름에는 물을 충분히 분무해주자. 간접 발암물질을 흡수하므로 흡연자가 있는 집에 이상적이다.

벤저민고무나무

밝은 곳을 좋아하며 아침 직사광선을 만끽하기도 한다. 봄여름에는 촉촉하게 유지하되, 뿌리가 썩는 병에 걸릴 수 있으니 고인 물에 방치하지는 말자. 카펫과 가구에서 나오는 포름알데히드를 없애는 데 가장 좋다.

보스턴고사리

간접 태양광과 습도가 높은 곳을 좋아해 욕실에 어울린다. 봄여름에는 흙을 촉촉하게 해주고 가을과 겨울에는 물주기를 줄이자.

자연의 향기가 나는 집

집에서 좋은 향이 나려면 요리할 때 나는 냄새나 반려동물 냄새를 지워야 한다. 그래서 흔히 탈취 스프레이나 플러그인 방향제, 향초를 찾는데, 이런 제품 속 화학물질이 집 안에 독소를 내뿜고 환경을 해친다. 신선한 공기를 들이고 실내 공기 오염에 대처하는 가장 기본은 하루에 한 번 환기하기다.

초 고르기

향초는 대부분 파라핀 왁스(미네랄 왁스)로 만든다. 석유 부산물인 파라핀을 표백하고 인공적으로 색과 향을 입히는 것이다. 이 향초에서 나오는 연기는 디젤차 매연에 비길 만하며, 천식 및 여타 호흡기 질환 환자에게 특히 해롭다. 파라핀 왁스 초는 연기도 많이 나서 벽에 그을음이 남기도 한다. 이제부터는 목화 심지와 에센셜 오일로 만든 친환경 초를 고르자.

- **밀랍 초**: 은은한 꿀 향이 나는 천연 방향제. 알레르기를 일으키지 않고 독성과 연기가 없다.
- **콩기름 초**: 비건에게 알맞으며 무독성. 유전자변형 없이, 윤리적이며 책임감 있게 재배된 콩을 쓴 제품을 고르자.
- **유채씨유(카놀라유) 초**: 역시 비건에게 알맞으며 무독성. 윤리적으로 재배된, 유전자변형 유채씨가 들어있지 않은 제품을 고른다. 영국을 비롯한 유럽 기준으로 탄소발자국이 가장 적기 때문에 해당 지역에서는 단연 최상의 선택지다.
- **코코넛오일 초**: 깨끗하고 무독성. 천천히 탄다. 지속가능하며 유기농이지만, 가격이 높다.

향이 없는 식탁용 초와 티라이트❖ 등도 파라핀 왁스로 만드는데, 마찬가지로 독성 물질을 내뿜으니 천연 대체품을 찾아보자. 초가 든 유리병은 재활용한다.

친환경 대안으로 바꾸자.

천연 방향제

유리병에 베이킹소다를 3~4cm 깊이로 넣고 좋아하는 에센셜 오일 몇 방울을 떨어뜨리자. 뚜껑에 구멍을 두어 개 내고 유리병을 덮는다. 향이 희미해지기 시작하면 오일 몇 방울만 첨가한다.

에센셜 오일과 디퓨저

플러그인 방향제는 스팀 디퓨저로 바꾼다. 물을 데워 공기 중으로 에센셜 오일을 서서히 내뿜는 방식이다. 침실에는 숙면을 돕는 라벤더 향을 추천.

싱싱한 꽃

비닐 포장된 꽃은 사지 않는다. 수입 꽃보다는 가까운 지역에서 기른 계절에 맞는 꽃을 찾자. 문을 들어서자마자 싱싱한 꽃과 풀이 내뿜는 싱그러운 향기가 반길 것이다. 나는 향이 좋고 오래가는 유칼립투스를 큰 다발로 즐겨 산다. 향도 좋고 말리기 편한 꽃을 고른다면 영원히 가는 꽃을 산 셈이다.

허브

부엌 창턱에 신선한 타임이나 로즈메리 화분을 두자. 잎을 살살 문지르면 더 진한 향이 난다. 부엌에 세이지, 월계수 잎, 오레가노, 민트 같은 허브 다발을 매달아 말려보자.

❖ 동글납작한 소형 금속 용기에 담긴 초

나무와 생울타리 심기

대기오염은 이제 전 세계적으로 사망과 질병의 주원인이다. 세계보건기구 WHO에 따르면 대기오염이 매년 칠백만 명의 생명을 앗아가며, 짧든 길든 오염원에 노출되면 호흡기 감염과 폐 기능 저하를 부른다고 한다. 분주한 도심 지역의 오염이 점점 심각해지는 걸 더 이상 지켜만 보고 있을 수는 없다. 대기의 질을 개선하는 가장 간단한 방법은 확실한 공기 정화 기능이 입증된 나무나 생울타리를 가까운 곳에 심는 것이다.

나무 심기

도심에 한 그루씩 심은 나무가 먼 숲속의 나무보다 유해 물질 제거에 훨씬 유익하다. 환경 과학자들은 영국 자생종 나무를 연구하면서 대기오염 물질을 흡수하는 나무의 능력을 조사했다. 그 결과에 따라 대기오염을 줄이는 기능이 가장 뛰어난 나무부터 가장 그렇지 못한 나무까지 등급을 매겼다. '도심지 나무의 대기 정화 점수UTAQS'로 알려진 이 결과에 따르면, 영국에서 최고 점수를 받은 나무는 다음과 같다.

대규모 및 중규모 정원에

- **월계 귀룽나무***: 크게 우거지는 대형 상록 관목
- **유럽 들단풍**: 중형 낙엽수
- **금백**: 중형 상록수
- **노르웨이 단풍**: 크게 우거지는 대형 낙엽수
- **처진자작나무**: 중형 낙엽수

소규모 정원 및 화분에

- **사과나무**: 사과나무는 다양한 크기의 나무에 접붙이므로 종묘장이나 원예용품점에서 원하는 크기의 나무를 사자. 공간이 넉넉하다면 큰 접본**도 들일 수 있다. 새

들이 과일을 좋아하니 열매를 맺는 시기에는 그물을 쳐준다. 화분용으로는 180㎝ 정도의 접본, 작은 도시 정원용으로는 4m 정도의 접본이 적당하다.

▍생울타리 가꾸기

도시에 낮은 생울타리를 심는 것만으로도 대기오염의 영향이 줄어든다. 키가 작아서 자동차 배기가스와 가깝고, 그 덕분에 오염입자가 공기 중으로 퍼지기 전에 흡수하기 때문이다.

격식을 갖춘 생울타리
레이란디 삼나무와 주목(朱木)의 잎사귀는 작은 바늘 모양이라 표면적이 가장 넓다. 그 덕분에 오염입자 제거에서 높은 점수를 받았다. 둘 다 상록수이며 시선 차단에도 알맞다. 레이란디 삼나무는 1년에 2~3회 정도 가지치기를 하지 않으면 지나치게 자란다. 주목은 연중 초가을에 1회만 가지치기하면 된다. 쥐똥나무 울타리도 오염물질 제거로 유명하다. 빨리 자라는 반(半)상록수로 여름에 꽃이 피고 겨우내 새들에게 작은 열매를 내준다. 연중 2회 가지치기한다.

격식 없이 자연스러운 생울타리
좀 더 야생에 가까운 생울타리를 원한다면 자생 식물을 택한다. 자생종은 새, 곤충, 작은 포유류의 서식지가 된다. 유럽 너도밤나무, 가시자두, 산사나무, 호랑가시나무를 고르자. 가시자두 열매로는 진❖❖❖도 만들 수 있으니 일석이조다(95쪽 참고).

오염을 줄이는 효과가 확실히 입증된 나무나 생울타리를 가까운 곳에 심으면 대기의 질이 뚜렷이 개선된다.

❖ 월계수와 비슷한 장미과의 상록 관목 - 편집자
❖❖ 접을 붙일 때 바탕이 되는 나무
❖❖❖ 증류주의 하나로 보통 토닉워터나 과일주스를 섞어 마신다. -편집자

꿀벌을 위한 식물 심기

벌의 개체수가 급속히 감소하고 있다. 과일과 채소는 대부분 벌을 통해 가루받이를 하므로 식량 생산에 벌의 역할이 아주 중요하다. 벌들은 꽃이 피는 식물을 오가며 꽃가루를 옮기는데, 그 덕분에 식물이 성장하고 번식하며 곡물을 생산한다.

벌의 숫자는 서식지 파괴, 살충제, 침입종, 농법, 기후 변화의 영향으로 점점 줄고 있다. 벌에게는 우리의 도움이 그 어느 때보다 절실하다. 좋은 소식은 우리의 정원에서 벌을 도울 수 있다는 것이다.

풀이 자라게끔 내버려 두자

벌이 무척 좋아하는 토끼풀, 데이지, 민들레를 그냥 두자. 잔디밭을 야생화 초원으로 만들거나 빈 화단에 야생화 씨앗을 뿌리는 것은 어떤가? 벌에게도 이롭고 여름철에 환상적인 풍경도 즐길 수 있다.

벌에게 좋은 식물을 심자

발코니, 창틀에 두는 화분, 커다란 정원에 벌에게 이로운 식물을 심는다. 일 년 내내 먹이를 찾아다니는 벌도 있으니 계절마다 꽃 피는 식물이 있게끔 선택하자.

봄

- **고산식물:** 장대나물, 무늬꽃다지, 헤더, 앵초
- **덩굴식물:** 등나무
- **과실 관목/나무:** 사과, 배, 자두
- **관목:** 매자나무, 금작화, 갈매나무, 라일락, 까치밥나무

여름

- **고산식물:** 헬리안테뭄속, 돌나물
- **허브:** 보리지, 카모마일, 차이브, 히솝, 여름세이보리, 타임
- **덩굴식물:** 인동, 재스민, 시계초
- **과실 관목/나무:** 블랙커런트, 블루베리, 라즈베리, 레드커런트, 딸기

- **다년생 식물:** 꽃톱풀, 아스트란티아, 에키나시아, 절굿대, 디기탈리스, 루드베키아, 샐비어, 체꽃
- **관목:** 부들레야, 에스칼로니아, 라벤더, 병꽃나무
- **채소:** 누에콩, 주키니 호박, 붉은 강낭콩, 여름 호박

가을

- **다년생 식물:** 달리아, 꽃무
- **관목:** 댕강나무, 팔손이
- **채소:** 겨울 호박, 호박

겨울

- **허브:** 로즈메리
- **관목:** 서향, 헬레보루스속, 뿔남천, 황산계수나무

살충제를 피하자

시판 살충제는 벌을 비롯한 다른 가루받이 곤충에게 해로울 수 있다. 자연을 좀 더 생각하며 진딧물이나 진드기 같은 해충을 없애자. 나는 집에서 캐스틸 비누와 물로 스프레이를 만들어서 쓴다. 1ℓ들이 분무기에 물을 채우고 액체 캐스틸 비누(54~55쪽 참고) 2작은술을 넣는다. 아침 일찍이나 초저녁에 잎에 분무한다.

벌에게 물을 주자

생존을 위해 물이 필요하다. 꿀벌은 더운 날씨에 벌집을 식히는 데도 물을 사용한다. 벌이 좋아할 만한 정원이나 발코니를 만들고 싶다면 쟁반이나 얕은 접시에 물(빗물이면 더 좋다.)을 담아두자. 큼지막한 돌멩이 두어 개를 쟁반이나 접시에 같이 두면 벌이 편하고 안전하게 쉬면서 물을 마실 수 있다.

벌에게 집을 마련해 주자

벌집에서 사는 꿀벌과 달리 단독 생활을 하는 벌은 정원이나 헛간을 좋아한다. 완제품 벌집을 온라인에서 살 수도 있지만, 직접 만들어보자. 아이들과 함께하기에도 재미난 일이다.

벌집 만드는 법

준비물:
- 재활용할 수 있는 깨끗한 2ℓ 플라스틱병
- 대나무 줄기(굵기가 서로 다른 게 좋다. 그래야 구멍의 크기가 다양하다.)
- 톱이나 전지가위

1. 플라스틱병의 윗부분을 잘라낸다.
2. 대나무 줄기를 병의 깊이와 길이가 같도록 자른다.
3. 자른 줄기를 병에 꼭 맞게 가득 채운다. 지면에서 1m 높이의 해가 잘 들고 건조하며 비바람이 치지 않는 곳에 둔다.

2.
자연을 돌보는 살림

"일상의 사소한 부분에 시선을 돌리는
것이 진정한 행복의 비결이다."

_**윌리엄 모리스** William Morris

자연을 의식한 살림

몇 년 전, 청소용품에 극심한 알레르기 반응을 일으켜 병원 응급실 신세를 진 적이 있다. 표백제가 주성분인 제품이었는데, 환기를 충분히 하고 욕실 타일을 문질러 닦았음에도 몸에 이상 반응이 나타났다. 얼굴, 양팔, 양손이 두 배로 부어올랐고 피부는 가려우면서 발진으로 뒤덮였다. 다행히 호흡에는 영향을 미치지 않았지만, 너무 끔찍했던 경험이라 두 번 다시는 그런 일을 겪고 싶지 않았다.

그때 일로 나는 청소용품이 우리의 건강과 환경에 미치는 해악을 더 꼼꼼히 살펴보게 되었다. 다목적 스프레이 세정제와 세탁용 가루 세제를 좀 더 친환경적인 제품으로 바꾸는 단순한 일부터 시작했다. 표백제가 들어있는 상품은 전부 피했다. 슈퍼마켓 청소용품 코너에는 없는 게 없고, 생각할 수 있는 모든 집안일을 다 해결해 줄 것만 같다. 항균 스프레이, 배수구 세정제, 냉장고 탈취제, 화강암 및 대리석 조리대용 스프레이, 스테인리스 스틸 광택제부터 샤워실 세정제에 이르기까지 각 용도에 맞는 청소용품을 따로따로 쓰라고 우리를 부추긴다. 하지만 이러한 제품 대부분은 잠재적으로 건강에 해로운 화학물질로 만들며, 늘어나는 플라스틱 쓰레기 문제의 원인이기도 하다.

요즘엔 좀 더 환경을 생각한 제품으로 집을 청소하고, 사용할 때도 다양한 방법을 택하는 사람들이 많아졌다. 이는 물론 올바른 방향으로 나아가는 한 걸음이다. 하지만 더 적극적으로 많은 일을 하고 싶다면 이어지는 내용이 도움이 될 것이다. 궁극적으로 유의미한 변화로 확장될 작은 변화를 실천하는 꿀팁을 소개한다.

가정 쓰레기 재활용

올해 내 목표는 집에서 나오는 쓰레기를 줄이는 것이었다. 나는 훨씬 더 의식적으로 모든 포장재를 확인해 재활용이 가능한지, 아니라면 대체재를 고를 수 있는지 살폈다. 우리 지자체는 녹색 쓰레기 봉지를 나눠주고 매달 수거해 간다. 예전에 우리 집은 평균 네 봉지를 내놨지만, 이제는 두 봉지까지 줄었다.

지자체마다 조금씩 다른 방식으로 쓰레기를 수거하고 분류하므로 각 지자체의 웹사이트에서 재활용 가능 여부를 찾아야 한다. 플라스틱, 종이, 판지, 금속 캔, 유리는 거의 분리수거 가능하지만 비닐 포장지는 보통 재활용품으로 수거하지 않는 곳이 많다.❖ 더 적극적으로 재활용할 방법을 찾을 수도 있다. 테라사이클TerraCycle은 재활용 불가능한 쓰레기조차 새롭게 활용하겠다는 목표로 전 세계에서 프로그램을 운영하는 기업이다. 온라인 사이트(terracycle.com)에서 학교, 사무실, 가정에 맞는 다채로운 프로그램을 무료로 제공하며 기업 활동이 지구에 미치는 영향을 줄이는 데 힘을 보태고자 대기업과도 협력한다.

재활용 가능한 종류

- 와인 코르크 마개. 플라스틱이 아니고 칠이 되어있지 않다면 재활용 쓰레기통에 넣거나 퇴비로 만들 수 있다.
- 반려동물 먹이. 개나 고양이 먹이가 남았다면 음식물 쓰레기통에 넣는다.
- 피자 포장 상자. 기름기가 묻은 부분은 모두 뜯어서 쓰레기통에 버리고 남은 판지 부분이 깨끗하면 재활용할 수 있다. 또는 상자를 전부 잘게 잘라 퇴비통에 넣는다.

❖ 비닐 수거와 관련하여 원서에서는 대형 마트를 회수처로 언급했으나 국내에서는 2023년 현재 비닐 수거를 하는 대형 마트가 없다. -편집자

비닐류

다음 품목이 재활용되는지 지자체에 문의하자.

- 비닐 쇼핑백과 농산물 포장 비닐봉지
- 빵 봉지. 플라스틱 클립은 제거하고 부스러기는 모두 털어낸다.
- 시리얼 포장재 (재활용 가능한 판지 상자에 들어 있는 투명한 봉지)
- 투명한 냉동 채소와 감자튀김 봉지. 반드시 기름기를 먼저 제거한다.
- 두루마리 휴지와 페이퍼 타월 포장재
- 잡지 포장재. 잡지나 신문을 구독한다면 배달용 포장재를 재활용할 수 있다.
- 대량 묶음 캔이나 병의 비닐 포장
- 슈퍼마켓에서 낱개로 파는 과일과 채소를 담는 얇은 비닐봉지

재활용할 수 없는 종류

- 안쪽이 포일처럼 보이는 감자튀김 포장지. 내부가 금속을 입힌 플라스틱이기 때문에 현재로서는 재활용할 수 없다.
- 페이퍼 타월과 티슈. 더러워졌다면 재활용할 수 없으니 대신 퇴비통에 넣자. 종이류는 깨끗한 것만 재활용 가능하다.

계획적인 청소

청소를 좋아하는 사람이 있을까? 적어도 나는 아니다. 나는 청소보다는 좀 더 즐거운 일을 하며 시간을 보내고 싶다.

예전에 나는 주말에 몰아서 청소를 했고, 세탁, 다림질, 장보기에 청소까지 끝없는 집안일로 주말을 다 보냈다. 휴식을 취해야 하는 주말마다 집안일로 스트레스를 받으니 더 녹초가 되는 듯했다. 이렇게 일주일 내내 집을 그냥 내버려 두면 단점이 한 가지 더 생긴다. 묵은 때를 없애느라 아주 강한 청소용품에 의존하는 것. 주간 청소 계획을 실천하고 나서야 주말이 편해졌다. 청소는 그저 일상의 일부가 되었고, 예전보다 용품을 훨씬 덜 사니 생활비도 절약됐다. 나는 요즘 천연 제품(52쪽 참고)으로만 청소하며, 집안을 최상으로 유지하는 데 대개 매일 10~15분이면 충분하다. 이제는 집을 제대로 관리하기 때문에 독하고 유해한 청소용품이 필요 없다.

친환경 청소 일정을 짜기 전에 세부 사항 몇 가지를 먼저 해결하자. 우선 시간을 들여 집을 살펴보면서 어디를 청소해야 하고 시간을 얼마나 낼 수 있는지 확인한다. 침실과 욕실이 여럿인 집과 방 하나짜리 집은 당연히 청소에 드는 노력과 시간이 다르다. 주중에 영 시간이 나지 않으면 주말로 청소 계획을 짤 수밖에 없을 것이다. 재택근무자라면 일과에 청소를 끼워 넣을 수 있다. 아이에게도 침대보 벗기기, 어지른 것 정돈하기, 먼지 털기 같은 일거리를 주고 청소에 참여하도록 격려하자. 손님방이나 서재처럼 자주 사용하지 않는 곳까지 일정에 넣을 필요는 없다. 그저 자주 쓰는 공간에 집중하자.

조리대 닦기나 설거지, 엎지른 것을

훔치는 일은 매일 해야 한다. 비누 찌꺼기는 쌓이면 굳어져 없애기 어려우므로 아침마다 면포로 세면대를 닦으면 좋다. 나는 매주, 잠시 뒤에 소개할 청소 일정을 따른다.

물론 살다 보면 예기치 못한 일이 생기고 다음 날이나 혹은 그다음 주까지 할 일을 미루기도 한다. 그렇지만 계획이 있으면 제자리로 돌아갈 수 있고, 일이 연쇄적으로 밀리게 둘 수도 없다. 왼쪽의 일정은 침실 두 개에 욕실 하나가 딸린 우리 집에 적당하다. 저마다의 공간에 알맞은 일정을 짜보자.

주간 일정

월요일
부엌: 오븐과 오븐용 조리판 청소. 개수대와 식기 건조대, 가전제품을 깨끗이 닦는다.

화요일
거실: 모든 표면의 먼지를 털고 진공청소기를 돌린다.

수요일
욕실: 세면대, 변기, 욕조, 샤워기를 청소한다.

목요일
큰 방: 침대보를 벗기고, 거울을 닦고, 가구 먼지를 턴다.

금요일
작은 방: 침대보를 벗기고 가구 먼지를 턴다.

친환경 살림의 핵심 도구

많은 사람이 친환경 세제를 쓰면서도 함께 쓰는 도구는 깊이 생각하지 않는다. 스펀지, 행주나 걸레, 솔, 다목적 수세미 중에는 유해한 합성염료가 들어있거나, 생분해되지 않아 결국 쓰레기장으로 보내지는 플라스틱 제품이 많다. 환경을 생각한다면 면, 호두 껍데기, 대나무, 수세미, 코코넛 껍질처럼 식물성 재료로 만든 도구로 바꾸자. 성능이 좋을 뿐만 아니라 독성이 없고 백 퍼센트 생분해된다.

제거하고 넣자.)

설거지 솔

플라스틱 설거지 솔 대신, 나무 손잡이에 교체 가능한 헤드가 달린 제품을 찾자. 플라스틱 솔의 털이 빠지면 결국 바다로 흘러가니 털까지 식물성 재료로 만든 제품을 쓴다. 식물성 털은 완전히 생분해된다. 다 쓴 후에 퇴비통에 넣으면 되는 대나무 설거지 솔도 괜찮은 선택지다.(털 부분이 나일론이라면

다목적 수세미

물에 담가도 지워지지 않는 얼룩이나 눌어붙은 음식을 없애려면 다목적 수세미가 필요하다. 슈퍼마켓에서 파는 제품 대부분은 화학적으로 색을 입힌 플라스틱이다. 수세미나 코코넛처럼 식물성 원료로 만든 다목적 수세미는 친환경적이고 독성이 없으며 화학염료가 들어있지 않다. 이런 제품은 거의 퇴비로 만들 수 있다.

행주

나는 유기농 면 행주로 조리대, 개수대, 타일을 닦는 걸 좋아한다. 닦은 다음에는 그저 세탁기에 던져 넣는다. 면은 생분해되므로 쓰다가 너무 낡았다 싶으면 퇴비통에 넣으면 된다.

변기 솔

설거지 솔과 마찬가지로 천연 털이 달린 나무 솔을 쓰자. 털이 빠져도 생분해되기 때문에 플라스틱 변기 솔처럼 해양 생태계에 악영향을 미치지 않는다.

페이퍼 타월

일반적인 페이퍼 타월은 한 번만 쓰고 쓰레기통에 버리기 때문에 낭비가 심하다. 하지만 흘린 음식을 닦기만 했다면 퇴비통에 버릴 수 있다. 자연을 생각한 훌륭한 대안은 재사용할 수 있으며 생분해되는 대나무 페이퍼 타월이다. 일반 페이퍼 타월보다 액체를 열 배 이상 흡수하며, 매우 튼튼해 흘린 것을 닦거나 청소할 때 사용하고 세탁기에 넣어 빨 수 있다. 한 장을 약 80번까지 쓸 수 있고, 수명이 다하면 퇴비통에 넣는다.

친환경 청소로 바꾸자

왜 친환경 청소로 바꿔야 할까? 그럴 만한 이유가 있다.

부엌 수납장이나 슈퍼마켓 선반의 청소용품을 찾아 익숙한 제품의 뒷면을 살펴보자. 느낌표가 그려진 경고 표시와 함께 특정 성분이 일으킬 수 있는 건강 및 환경상의 위험을 적어놓았을 것이다. 분말 세제, 방향제, 욕실 세정제, 다용도 스프레이, 심지어 부엌 세제까지 거의 모든 제품에 이런 경고 표시가 있다. 세제의 위험 성분 대부분은 석유처럼 재생 불가능한 자원에서 나오며 당연히 생분해되지도 않는다. 이러한 제품 다수에 발암물질, 생식 독성 물질, 기분에 영향을 미치는 화학물질, 내분비교란 물질이 들어있어 장기적으로 건강에 영향을 미친다. 최근에는 차량 매연보다 청소 및 개인 위생용품으로 인한 대기오염이 우리 건강과 환경에 더 큰 위협이라는 연구 결과도 나왔다.

친환경 청소로 바꾸면 내가 쓰는 물품이 나와 내 가족, 반려동물, 그리고 환경에 해를 끼치지 않는다는 것을 아니 마음이 놓인다. 독성 물질을 줄이면 집에 더 큰 행복이 깃든다. 알레르기와 두통이 줄고 피부 상태도 나아졌다고 이야기하는 사람들이 주변에 많다. 우리 아들은 집에서 재채기가 심해 항히스타민제를 먹곤 했으나, 시판 청소용품을 사용하지 않은 뒤로 약이 필요 없어졌다.

지금 내가 집 청소에 쓰는 모든 제품은 해로운 화학 성분이 들어있지 않아 친환경적이며 가족의 건강도 지킬 수 있다. 기성 제품을 사는 것보다 저렴해 돈도 절약되고, 다양한 기능을 하기 때문에 여러 제품을 사지 않아도 된다. 대부분 유리병이나 판지 포장재에 들어있어서 플라스틱의 양도 획기적으로 줄었다.

청소 방식을 바꾸는 일이 처음에는 버겁게 느껴질 수 있다. 같은 제품인데 다른 용어를 사용하기도 하고, 어디에 어떤 제품을 쓸지를 두고 인터넷에 갑론을박이 넘치기 때문이다. 내가 일상적으로 사용하는 것은 베이킹소다, 증류 백식초, 캐스틸 비누 딱 세 가지인데, 이것만으로도 충분하다. 청소의 종류에 따라 두 가지 이상을 같이 사용하기도 하고, 하나만 쓸 때도 있다.

이제부터는 이 세 가지 재료가 특히 유용한 이유를 설명하며 따라 해볼 만한 비법 몇 가지를 소개한다. 나는 때때로 에센셜 오일을 몇 방울 추가해서 사용하는데, 집에 반려동물이 있다면 동물에게 위험한 오일이 있다는 점을 잊지 말아야 한다. 기본적인 친환경 청소에 익숙해지면 다른 재료를 더할 수도 있다. 하지만 일단은 식초, 캐스틸 비누, 베이킹소다로 간단하게 시작하길 권한다.

천연 청소용품

나는 집 청소에 캐스틸 비누(54~55쪽 참고)와 식초, 베이킹소다를 쓴다.

식초는 세균을 죽이고 기름기를 분해하며 악취도 없애는 훌륭한 천연 세제다. 증류 백식초는 투명하며 흔히 '증류 맥아 식초'라고도 한다(갈색 맥아 식초는 착색될 수 있으니 사용하지 말자). 희석하지 않은 식초는 박테리아와 바이러스를 없애는 데 강력한 효과를 발휘한다. 하지만 주의할 점이 하나 있는데, 화강암이나 대리석 조리대에는 절대 사용하면 안 된다. 식초의 산 때문에 자연석이 손상될 수 있다. 나무 바닥에도 쓰지 않는 편이 좋다. 대신 베이킹소다도 탈취력이 뛰어나며 바닥을 문질러 닦기도 좋다.

식초와 베이킹소다 모두 독성이 없고 생분해된다. 용도가 아주 다양해 경제적이기도 하다. 슈퍼마켓에서 유리 병에 든 식초를 사면 재활용하기도 쉽고, 많이 쓴다면 온라인에서 5ℓ 대용량으로 구매할 수도 있다. 큼지막한 1kg짜리 베이킹소다는 건강식품점이나 온라인에 파는데, 대부분 판지 상자에 들어있어 재활용도 간단하다. 집 청소에 식초와 베이킹소다를 사용하는 몇 가지 방법을 살펴보자.

창문 세정제

1ℓ들이 분무기에 증류 백식초와 물을 각각 300㎖(1과 1/4컵)씩 넣고 잘 섞이도록 흔든다. 창문에 직접 분사한 다음 젖은 천이나 고무 롤러로 말끔히 닦아낸다. 씻어낼 필요는 없으며, 마른 천으로 유리를 잘 닦기만 하면 된다. 이렇게 하면 창문이 반짝이면서 자국도 남지 않는다. 식초 향을 좋아하지 않는다면(냄새가 빨리 사라지기는 하지만) 에센셜 오일을 더할 수 있다. 나는 보통 레몬, 라벤더, 티트리오일 몇 방울을 분

무기에 섞는다. 하지만 집에 반려동물이 있다면 에센셜 오일을 넣지 말자.

제초제

잡초 위쪽에 증류 백식초를 직접 뿌린다. 새로 자랄 때마다 뿌려준다.

변기 세정제

분무기에 증류 백식초 250㎖(1컵)를 넣고 티트리나 유칼립투스 에센셜 오일 몇 방울을 섞는다(반려동물을 키운다면 에센셜 오일은 생략하자). 혼합액을 앉는 부분, 뚜껑, 변기 등에 듬뿍 뿌리고 5분 동안 둔다. 변기 안에 베이킹소다를 한 줌 뿌리고 변기 솔(49쪽 참고)로 문질러 닦는다. 혼합액은 젖은 천으로 닦아낸다.

배수구 세정제

배수구는 음식물이나 비누 찌꺼기로 막히기 쉽다. 배수구에 베이킹소다를 붓고 20분 정도 두었다가 뜨거운 물을 흘려보내면 막힌 것이 뚫린다. 나는 그다음에 캐스틸 비누로 만든 다용도 세정제(55쪽 참고)를 개수대에 뿌리고 천으로 윤이 나게 닦는다. 일주일에 한 번, 청소 일정에 따라 하는 일이다.

오븐 세정제

우선 오븐이 꺼져 있으며 다 식었는지 확인하자. 오븐 바닥에 베이킹소다를 얇고 고르게 뿌린다. 그 위에 물을 약간 분무하거나 뿌리고 한 시간 동안 둔다. 다목적 수세미(48쪽 참고)로 닦아내고 눌어붙은 음식 자국을 없앤다. 냄비나 그릇에 음식이 눌어붙었을 때도 같은 방법을 쓴다.

쓰레기통

끈끈한 쓰레기통 바닥과 안쪽에 베이킹소다를 약간 뿌리고 20분 동안 기다린다. 나는 보통 페이퍼 타월(49쪽 참고)로 잔여물을 제거하고 캐스틸 비누 다용도 세정제로 표면을 닦는다.

캐스틸 비누

캐스틸 비누는 내가 청소에 사용하는 세 가지 재료 중 가장 좋아하는 것이다. 스페인에서 처음 제조한 이 비누는 천연 식물성 기름(대마, 코코넛, 아보카도, 올리브)으로만 만들며 파라벤, 프탈레이트, 황산염, 석유 부산물처럼 해로운 독성 물질이 들어있지 않다. 동물성 지방도 들어있지 않고, 많은 시판 비누와 달리 동물 실험도 거치지 않는 비건 제품이다. 완전히 생분해되며 다목적이므로 다른 제품을 살 필요가 없어서 플라스틱 소비를 줄이는 데도 도움이 된다.

농축액이나 고체 비누를 구입할 수 있는데, 각기 더 적합한 용도가 있다. 나는 청소에는 액체비누를, 몸이나 손을 씻을 때는 고체 비누를 쓴다. 캐스틸 비누는 건강식품점이나 온라인 소매점에서 쉽게 구할 수 있다. 다만 염료, 보존제 같은 첨가물, 에센셜 오일

을 제외한 향료가 들어있지 않은지 확인하자. 브랜드에 따라 야자유를 쓰기도 하는데, 이때는 원료가 윤리적이고 책임감 있게 재배되었는지 살펴본다. 고농축 액체비누는 청소할 때 조금씩만 사용하면 되므로 한 병을 사면 오래 쓸 수 있다.

캐스틸 비누는 연수와 궁합이 잘 맞는다. 센물과 함께 세제로 사용하면 물에 있는 미네랄이 비누와 반응하여 광택 나는 표면에 하얀 자국이 남는다. 해롭지는 않지만, 표면을 물로 다시 헹궈야 하는 수고로움이 있다. 센물이

공급되는 지역에 살고 있다면 수돗물 대신 증류수나 연수를 사용해 이 문제를 해결하자.

> 다음은 내가 집에서 캐스틸 비누를 사용하는 방법이다.

부엌 세제

캐스틸 비누 농축액과 물을 1:10의 비율로 섞어서 일반 부엌 세제 대신에 쓴다. 보통 세제처럼 거품이 많이 나지는 않지만, 냄비나 접시에 눌어붙어서 없애기 힘든 음식 자국도 깨끗이 닦아준다. 눌어붙은 자국에 비누 농축액을 약간 붓고 10분간 기다린 다음, 다목적 수세미(48쪽 참고)로 문질러 닦는다.

바닥 청소

따뜻한 물이 든 양동이에 비누 농축액 50㎖(3큰술)를 넣는다. 면포 대걸레나 바닥 걸레, 바닥 청소 솔로 닦는다. 물로 씻어낼 필요가 없다. 비누가 왁스를 벗겨낼 수 있으므로 최근에 왁스를 칠한 바닥에는 사용하지 말자.

다용도 세정제

1ℓ짜리 분무기에 수돗물(센물이 나오는 지역이라면 증류수나 연수)을 넣고 비누 농축액 50㎖(3큰술)를 넣는다. 향을 내려면 에센셜 오일을 몇 방울 넣는데, 천연 항균 성분이 있는 티트리오일이 적당하다. 반려동물에게 독이 될 수 있는 에센셜 오일이 있는지 반드시 미리 조사하자. 세정제를 가볍게 분무하고 닦아낸다. 나는 부엌 조리대, 개수대, 식탁에 사용한다.

샤워커튼 세정제

내가 쓰는 면 샤워커튼은 시간이 지나면 흰곰팡이로 꼬질꼬질해진다. 전에는 얼룩 제거제를 발라서 세탁기에 넣고 돌렸지만 별 효과가 없었다. 지금은 캐스틸 비누 농축액을 얼룩에 조금 발라 문지른 다음 세탁기에 돌린다. 훨씬 깨끗할 뿐만 아니라 곰팡이도 사라진다.

친환경 세탁

세탁기를 살펴보자. 빨래를 한가득 했는데 얼룩과 끈적이는 세제 찌꺼기가 남아있다면? 이보다 짜증스러울 수 없다. 세탁기의 통 세척 코스를 이용하고 한 달에 한 번 필터를 청소하면 곰팡이와 악취를 막을 수 있다. 나는 낡은 칫솔과 캐스틸 비누로 세제통의 찐득찐득한 세제 찌꺼기도 전부 닦아준다. 정기적으로 관리하면 화학 성분이 잔뜩 든 제품을 사서 세탁기를 청소할 필요가 없다.

세탁조 가득 채우기

세탁조를 가득 채워 세탁하자. 그러면 효율도 좋고 세제도 덜 쓰게 된다. 적은 양을 세탁할 때는 단시간이나 소용량 코스를 선택한다.

수온

흔히 30°C로 세탁하는 게 에너지 효율이 뛰어나다고 한다. 현재 일부 세탁기는 20°C도 선택할 수 있어 돈과 에너지를 더 절약할 수 있다.

얼룩 제거제

얼룩은 생기자마자 없애는 것이 가장 좋다. 고체 캐스틸 비누(54~55쪽 참고)를 써보자. 찬물에 얼룩진 부분을 완전히 담갔다가 캐스틸 비누로 문질러 빨자. 잘 헹구고 필요하다면 이 과정을 반복한 다음 평소처럼 세탁한다.

면 셔츠나 상의 겨드랑이 부분에 생긴 땀 얼룩을 없애려면 대야에 뜨거운 물을 받아 베이킹소다 200g(1컵)을 넣는다. 최소 한 시간, 또는 밤새 담가두었다가 세탁기에 돌리면 된다.

가루 세제? 액체 세제?

동물 실험을 하지 않고 식물성 원료를 사용하며, 해로운 인산염, 형광증백제, 염소 표백제가 들어있지 않은 친환경 브랜드를 선택한다. 세제를 많이 쓴다고 빨래가 더 깨끗해지진 않는다. 그저 낭비일 뿐이니 항상 라벨에 표시된 정량을 쓴다. 많은 친환경 브랜드가 농축형 세제를 출시하며, 정확한 양을 넣을 수 있게끔 별도 계량컵이 딸려있다. 친환경 가루 세제나 액체 세제를 대용량으로도 살 수 있는데, 이렇게 하면 플라스틱 포장 걱정도 줄어든다. 인기 많은 친환경 브랜드의 리필 코너를 운영하는 건강식품점이나 제로웨이스트 매장(68~69쪽 참고)이 있다면 직접 용기를 가져가서 채워 온다.

섬유 유연제

세탁 세제와 마찬가지로 동물 실험을 하지 않고 식물성 원료를 사용하는 브랜드를 고르자. 인공 향료 대신 에센셜 오일을 사용하는 브랜드를 찾았다면 훨씬 더 좋다.

소프넛

자연에서 왔으며 쓰레기가 나오지 않는 대안을 원한다면 솝 베리soap berry 또

는 무환자나무 열매로도 알려진 소프넛이 있다. 리치와 같은 과이며 수천 년 동안 지구에서 자란 이 열매의 말린 껍질에는 사포닌이라는 천연 비누 성분이 들어있는데, 물에 닿으면 우러난다. 열매 한 줌을 세탁망에 담아 세탁조에 넣자. 여러 번 사용할 수 있고, 다 쓴 후에는 퇴비 더미에 넣으면 된다. 소프넛은 향이 없고 저자극성이지만, 짙은 얼룩을 빼는 데는 효과적이지 않다.

세탁볼

친환경 세탁볼을 쓰면 쓰레기가 줄어든다. 세탁볼은 향이 없고 미네랄 및 식물성 원료로 만든 알갱이로 가득 차 있다. 비건이면서 저자극성으로, 민감한 피부에 좋다. 친환경 세탁볼은 몇백 번이고 사용할 수 있어 가성비도 무척 뛰어나다.

미세 섬유

미세 섬유로 만든 의류(플리스, 아크릴 스웨터, 합성 재킷 등)를 세탁하면, 빠져나온 섬유 조각이 강, 호수, 바다로 흘러들어 수중 생태계에 악영향을 미친다. 미세 섬유를 걸러내는 세탁볼이나 세탁망을 쓰면 섬유 조각이 하수에 섞이는 걸 막아준다.

드라이클리닝

드라이클리닝에는 '퍼클로로에틸렌'이라는 해로운 용제를 사용하는 경우가 많다. 그렇지만 독성이 없고 환경친화적인 방식을 따르는 '친환경 세탁' 업체가 늘어나는 추세이니 온라인으로 가까운 친환경 드라이클리닝 업체를 찾아보자.

자연 건조

해가 잘 드는 바깥이나 실내에 빨래를 널자. 돈과 에너지를 절약할 뿐만 아니라 옷감, 지퍼, 섬세한 장식을 더 아끼는 방법이다.

천연 가루 세제 만드는 법

집에서 가루 세탁 세제를 만드는 데는 캐스틸 비누(54~55쪽 참고) 및 결정소다(세탁소다)라는 두 가지 재료에다 약간의 시간만 있으면 된다. 현대적인 세제가 발명되기 전에 오랫동안 세탁에 쓰인 결정소다는 기름기를 없애고, 잘 지워지지 않는 얼룩을 제거하며 세탁기에 석회가 쌓이는 것을 방지한다. 다음 방법으로 세제를 만들면 약 여덟 번 정도 넉넉히 세탁할 분량이 나온다.

작은 1병 분량 만들기

준비물:

- 결정소다(세탁소다) 500g(2와 1/2컵)
- 천연 고체 캐스틸 비누 1개
- 강판이 있는 믹서기나 강판
- 보관용 뚜껑 달린 병이나 용기 1개

1. 커다란 그릇에 결정소다(세탁소다)를 담는다.
2. 캐스틸 비누를 믹서기나 강판에 간다(나는 가장 곱게 가는 걸 좋아하는데, 이렇게 하면 비누 가루와 결정소다의 비율이 더 좋아지기 때문이다).
3. 갈아놓은 비누에 1을 넣고 잘 섞는다.
4. 용기에 담아 보관한다.

사용법(드럼 세탁기의 경우)

세탁조를 가득 채울 정도의 빨랫감에 세제 2큰술을 사용하는데, 가루 세제를 세제 투입구나 세탁조에 직접 넣는다.

3. 자연과 함께하는 식생활

"쌓아둔 금보다 음식, 쾌활함, 노래를 소중히 여기는 이가 더 많아진다면 한결 즐거운 세상이 될 텐데."

_J.R.R. 톨킨 J.R.R. Tolkien

환경을 생각하며 먹기

이제부터는 음식, 부엌, 장보기 습관을 다룬다. 이 세 가지는 긴밀히 연결되어 있으며 친환경 라이프에 한 걸음 더 가까워지는 데 빠짐없이 중요하다.

친환경 부엌을 만드는 최고의 방법은 음식물 쓰레기 문제를 해결하는 것이다. 음식물 쓰레기는 메테인을 내뿜으며 서서히 썩는데, 메테인은 이산화탄소보다 환경에 더욱 해롭다. 미국의 가정에서는 매일 음식물 15만 톤을 버린다(출처: 미국 농무부 연구 결과를 바탕으로 한 《가디언The Guardian》). 프랑스에서는 최근, 매해 나오는 음식물 쓰레기 700만 톤을 확실히 줄이기 위해 슈퍼마켓들이 소비기한이 임박한 식품을 자선 단체에 기부해야 하는 법안이 통과됐다. 독일은 매해 1,000만 톤 이상, 네덜란드는 900만 톤 이상, 영국은 1,400만 톤 이상의 음식물 쓰레기를 배출한다(출처: 유로스타트Eurostat).

자녀가 있는 영국의 평균적 가정은 해마다 사용하지 않을 음식물에 700파운드❖를 낭비하는데(출처: WRAP❖❖), 이는 다른 좋은 용도로 충분히 쓸 수 있는 금액이다. 음식물 쓰레기를 가벼이 여기지 않으려면 값을 매겨보라. 개수대에 쏟아 버린 우유나 쓰레기통에 버린 사과에 얼마를 썼는가? 돈이 버려진다고 생각하면 쉽게 버릴 수만은 없을 것이다.

계속해서, 음식물 쓰레기를 줄이고 먹다 남은 음식을 색다르게 활용하며 심사숙고해서 장을 보는 습관을 들일 수 있는 조언을 전한다.

❖ 2023년 5월 현재 약 1,170,000원 -편집자
❖❖ Worldwide Responsible Accredited Production 영국에서 설립되어 전 세계적으로 활동하는 기후 환경 운동 비영리 단체 -편집자

식단 짜기

시간을 들여 식단을 짜고 장보기 목록을 작성하면 음식물 쓰레기는 물론 생활비도 줄일 수 있다. 우리 부부는 일주일에 한 번 마주 앉아 집에서 해 먹기로 계획한 것을 훑어본다. 남편은 교대 근무를 해서 종종 나와 아들과는 다른 시간에 식사하기 때문에 적당한 식단을 짜기가 쉽지 않다. 그래서 우리는 다시 데울 수 있거나 빨리 조리할 수 있는 음식을 생각하려고 애쓴다. 모두가 바삐 사는 세상, 현실을 직시하는 것도 나쁘지 않다. 매일 요리할 시간이나 에너지가 부족하다면 식단에 그 점을 반영하자.

냉장고와 식료품 수납장 확인

남아있는 것부터 활용해 이번 주의 첫 번째 식사를 만들자. 먹어야 할 식료품을 냉장고나 선반 앞쪽에 두어야 잊을 확률이 줄어든다.

식단을 짜자

시간이 날 때 이틀 분량을 요리하자. 나는 큼지막한 냄비에 칠리를 만드는 걸 좋아하는데, 첫날은 밥과 곁들여 내고 남은 것은 다음 날 저녁에 엔칠라다, 나초, 타코 등과 함께 먹는다.

체계적인 일주일

가능하다면 매주 각 요일에 먹는 음식을 정해 놓자. 우리는 월요일에는 고기를 먹지 않고, 화요일에는 카레를 먹는다. 수요일은 볶음 요리, 목요일은 칠리, 금요일은 피자다. 주말은 특별 요리를 하는 날이다. 이런 규칙이 있으면 아이들에게 가장 좋아하는 음식을 먹는 날을 손꼽아 기다리는 재미도 줄 수 있다.

남은 음식을 즐기자

요리한 다음 날 맛이 더 깊어지는 음식이 많으니 그것으로 근사한 점심을 먹

자. 아니면 남은 음식을 냉동실에 보관했다가 그다음 주에 한 끼를 해결해도 된다.

미리 준비하자

몇몇 재료는 미리 준비해 두면 편리하다. 나는 종종 커다란 팬에 올리브오일을 살짝 뿌린 채소를 구웠다가 식혀서 냉장고에 보관한다. 그렇게 구워둔 채소는 일주일 내내 파스타, 스튜, 피자 토핑에 쓴다. 파스타 소스, 미트볼, 카레, 수프는 넉넉히 두 번 먹을 정도를 만들어 한 끼 분량은 나중을 위해 냉동실에 보관하자. 이렇게 하면 오븐을 데우는 에너지도 절약할 수 있다.

목록 작성

나는 스마트폰 노트앱에 장보기 목록을 적어두었다가 그 물품을 사면서 하나씩 지운다. 무엇을 빠트렸는지 즉시 알 수 있어서 깜박 잊고 사 오지 않은 것 때문에 군걸음하지 않아도 된다. 장보기 목록은 충동구매도 막아준다.

장보기 팁

점포에서는 가장 오래된 물품을 진열대 전면에 둔다. 그러니 며칠 후에 쓸 식재료를 산다면 선반 뒤쪽에서 소비기한이 가장 길게 남은 것을 찾자.

유혹을 참자

가득 쌓인 할인 제품이나 묶음 상품을 사지 않으면 손해 보는 듯한 기분이 든다. 하지만 냉동실에 얼리거나 찬장에 보관할 정도만 장바구니에 넣자.

하루하루 바쁘게 살면서 매일 요리하기는 힘들다. 현실적인 판단도 나쁘지 않다. 요리할 시간이나 체력이 부족하다면 식단에 그 점을 반영하자.

가까운 곳에서 신선한 재료 구입하기

아들이 어릴 땐 가장 좋은 음식을 찾아 먹이느라 신선한 과일과 채소를 정기 배송하는 유기농 마켓에 배송 신청을 했다. 받아본 농산물이 모두 맛있긴 했지만, 대다수가 아주 멀리서 운송된다는 걸 알고 나니 실망스러웠다. 그러다 집에서 고작 5분 거리에 판매용 채소밭이 있는 걸 알게 됐다. 수년간 차를 타고 지나쳤으면서도 몰랐다니! 밭에 들러 주인과 유쾌한 대화를 나누고 그들이 기른 양상추를 맛보았다. 농장이나 채소밭을 운영하는 데 얼마나 정성을 들여야 하는지 알면 음식에 훨씬 더 감사하게 된다. 어찌 됐든 이날의 방문 덕분에 나의 구매 습관과 생활이 영원히 바뀌고, 결국 몇 년 뒤에는 그곳에서 일하게 되리라는 걸, 당시에는 꿈에도 몰랐다.

지역 농산물 직판장을 찾아보라. 인터넷에서 '근처 농산물 직판장'을 검색하면 된다. 나는 휴가지에서도 농산물 직판장에 즐겨 들른다. 내가 머무는 지역에서 자란 신선한 농산물을 맛보는 것보다 즐거운 일은 없는 것 같다. '수확 체험'도 지역 재배자를 도우면서 제철 농산물을 경험하는 좋은 방법이다.

왜 지역의 농산물을 구매해야 할까?

환경에 도움이 된다

지역 재배자에게서 신선한 농산물을 구매하면 운송과 푸드 마일❖ 측면, 또한 냉장 보관을 요구하지 않는다는 점에서 탄소발자국을 상당히 줄일 수 있다. 재배자에게 농법과 살충제 사용에

❖ 식품이 생산자로부터 소비자의 식탁에 오르기까지의 이동 거리

관해 물어보자. 대부분 기꺼이 대답해 준다. 많은 재배자들이 택배 서비스도 제공하므로 개개인이 차량을 운행할 필요도 줄어든다.

지역 경제에 이득이다

지역 업체가 영업을 지속하며 성장하면 지역 주민을 고용하고 기술을 전수할 수 있다. 또한 인쇄, 회계, 디자인, 유지보수 등 지역 내 다른 업체의 서비스를 이용하면서 공동체 전체가 튼튼해진다.

더 신선하다

가공, 포장, 운송을 거의 거치지 않고 갓 수확한 과일과 채소가 즉시 소비자에게 판매되니 영양 성분이 훨씬 풍부하다. 맛의 차이는 놀라울 정도다.

지역 생태에 도움이 된다

들판, 연못, 목초지, 삼림은 많은 동식물의 보금자리로, 생물다양성에 보탬이 된다. 농장이 수입을 얻지 못해 부동산 개발 등으로 잠식되면 소중한 자연 자원을 잃는 셈이다.

대용량으로 구매하기

우리는 지금 플라스틱 의존도를 낮출 방법을 간절히 찾고 있다. 한 가지 쉬운 방법은 식료품을 대용량으로 구매하는 것이다.

아시안 식료품점
커다란 자루에 든 쌀, 곡물, 향신료, 국수, 말린 콩을 사기 좋은 곳이다. 가성비도 뛰어나며 쉽게 상하지 않아 오래 보관할 수 있다.

커피
많은 커피 로스터리가 원두를 1kg씩 판매하며 소비자가 원하는 대로 분쇄해 준다(86쪽 참고). 배송받기보다는 원두를 직접 사 올 수 있는 동네 로스터리로 가자.

밀가루
빵을 많이 만들거나 베이킹을 좋아한다면 대용량 밀가루를 사자. 돈도 절약하면서 포장재는 덜 쓰게 된다. 대형 마트나 제분소에서 2.5kg 이상의 대용량을 판매하기도 한다.

차
차를 자주 마신다면 대용량 찻잎을 사는 것이 현명한 선택이다(84쪽 참고). 차 제조업체는 대부분 400~500g 포장으로 판매하며, 백차와 녹차도 마찬가지다. 우리는 동네 시장에서 찻잎을 50g부터 1kg 단위까지 파는 괜찮은 노점을 찾았다. 근처의 차 소매점이나 택배로 대용량 포장을 보내주는 업체를 검색하자.

제로웨이스트 매장
제로웨이스트 매장이 점점 늘어나고 있다(74~75쪽 참고). 인터넷에서 근처 매장을 검색하자. 가까운 곳에 매장이 없다면 크라우드펀딩 웹사이트를 찾아보자. 제로웨이스트 매장을 시작하기 위한 지역 밀착형 프로젝트가 후원자를 모집하고 있을지 모른다. 다행히 인터넷에도 식료품을 종이로 포장하고 대용량으로 판매하면서 플라스틱을 전혀 사용하지 않는 상점들이 생겨나기 시작했다. 집까지 배송해 주는 서비스도 검색해 보자.

식료품 공동 구매

대용량 구매가 환경에 무척 좋긴 하지만 수납 공간도 생각해야 한다. 집에 커다란 밀가루나 쌀 포대를 보관할 자리가 없다면 공동 구매에 참여하자. 친구, 가족, 이웃, 동료와 모여 식료품을 도매로 구매한 다음 물품과 비용을 나누는 것이다. 이렇게 하면 비용은 줄이면서 운반을 덜 해도 된다. 용기를 챙겨 가서 집에 가져온다면 포장도 덜 사용하는 셈이다.

부엌 수납장 정리하기

요리나 베이킹에 쓰고 남은 재료가 소비기한이 다하도록 수납장에 처박힌 채 잊히는 건 흔한 일이다. 나도 이국적인 향신료와 견과류부터 병아리콩 가루에 이르기까지 소비기한이 몇 달(심지어는 몇 년)이나 지난 재료를 발견하고 죄다 버렸다. 빈틈없이 꽉 찬 선반에서 필요한 물품을 찾지 못한 바람에 같은 물건을 또 사거나 서너 봉지씩 뜯어놓고 쓰며 죄책감을 느끼기도 했다. 주기적으로 부엌 수납장을 정리하면 이런 일을 막고 어떤 재료를 써서 끼니를 만들지 파악할 수 있다. 나는 한 달에 한 번 수납장을 꼼꼼히 살피기로 정하고, 있는 것을 전부 꺼낸 다음에 캐스틸 비누 다용도 스프레이(55쪽 참고)로 선반을 닦는다. 그러고 나서 써야 할 식료품 목록을 먼저 만들고, 다음 주에 필요한 쇼핑 목록을 작성한다.

이어서 소개할 재료별 활용 요령으로 수납장을 비워보자.

견과류

호두, 헤이즐넛, 캐슈너트, 아몬드로 페스토❖를 만든다. 견과를 프라이팬에 가볍게 볶고 식힌다. 믹서기에 볶은 견과, 바질 한 줌, 마늘 한 쪽, 엑스트라 버진 올리브오일을 넣고 갈아준다. 올리브오일의 양을 조절해 원하는 점도를 맞춘다. 간을 하고 파르메산 치즈를 갈아서 뿌린다. 뜨거운 파스타

에 섞어서 낸다.

카레 페이스트
채소 파이를 만들고 소스에 카레 페이스트를 섞는다. 수프에 넣어도 된다. 천연 요구르트와 섞어서 새로 요리한 감자나 구운 채소에 넣고 버무리자.

통조림 콩
병아리콩, 붉은 강낭콩, 흰 강낭콩은 모두 샐러드 재료로 좋다. 혼합 잎채소, 방울토마토, 페타 치즈에 레몬오일 드레싱을 더하자(98쪽 참고). 남은 허브가 있다면 같이 뿌려도 좋다. 나는 이 샐러드를 넉넉히 만들어 플랫브레드에 끼워 점심으로 즐겨 먹는다. 양파, 마늘, 훈제 파프리카, 파사타(으깬 토마토), 타임을 넣어 만든 토마토소스에 콩을 추가해 나만의 베이크드빈을 만들 수도 있다.

곡물
퀴노아, 쿠스쿠스❖❖, 불가❖❖❖ 밀은 점심 도시락에 싸기 좋다. 요리한 다음에 식혔다가 허브, 레몬오일, 조리된 냉동 콩과 섞으면 단백질이 풍부한 점심이 된다.

포리지 귀리(으깬 귀리)
아침에 먹을 귀리 뮤즐리❖❖❖❖를 전날 밤에 만들자. 그릇에 포리지 귀리 50g(1/2컵), 구운 씨앗 약간, 견과류, 저지방 천연 그리스식 요구르트 100g(1/2컵)을 넣는다. 잘 섞어서 밤새 냉장고에 둔다. 아침에 바나나를 썰어 넣거나 믹스 베리를 더하고 씨앗과 견과류도 추가한다. 달고 풍미가 좋은 크럼블❖❖❖❖❖에 귀리를 더해도 좋고, 미트볼이나 버거를 만들 때 씹는 맛이 더 나도록 빵가루 대신 넣는다.

❖ 바질, 마늘, 올리브오일, 치즈 등을 넣어 만든 파스타 소스
❖❖ 밀을 쪄서 만든 작은 알갱이로 채소나 양고기에 곁들인다.
❖❖❖ 쪘다가 말린 밀의 가루로 만든 음식
❖❖❖❖ 곡물, 견과류, 말린 과일 등을 섞은 것
❖❖❖❖❖ 과일에 밀가루, 버터, 설탕을 섞은 것을 얹어서 구운 푸딩

포장재

플라스틱 포장을 아예 쓰지 않기는 어렵지만 줄일 방법은 있다. 슈퍼마켓에서 주기적으로 사는 제품의 대체재를 찾아보고, 물건을 포장하지 않거나 포장재를 덜 사용하는 건강식품점, 시장, 델리에서 장을 보도록 하자. 사는 대신 직접 만드는 것도 고려해 볼 만하다. 예를 들어 샌드위치와 샐러드를 집에서 준비하면 포장을 줄이면서 돈도 절약할 수 있다.

플라스틱 포장을 대체할 방법을 찾자.

- **시리얼**: 종이봉투에 담긴 귀리, 그래놀라, 뮤즐리를 구입한다.
- **코울슬로와 딥 소스**: 사기보다는 직접 코울슬로, 후무스❖, 차지키❖❖를 만들자.

❖ 으깬 병아리콩에 오일과 마늘을 섞은 음식
❖❖ 요구르트에 오이, 마늘, 허브, 식초 등을 넣은 음식

간단한 재료로 20분만 시간을 들이면 된다. 남은 식재료를 처리하기에도 좋다.

- **양념류와 델리**: 짜서 쓰는 플라스틱 용기에 들어있는 케첩, 마요네즈, 샐러드드레싱 대신 유리병에 든 제품을 고르자. 올리브, 전채 요리, 치즈 등은 직접 가져간 용기를 써도 되는 델리 코너가 있는지 알아본다.
- **과일**: 장바구니를 가져가 시장에서 포장하지 않은 과일을 사는 것이 가장 쉽고 저렴한 방법이다. 좌판에서는 대부분 무게를 달거나 바구니 단위로 과일을 판다.
- **꿀**: 짜서 쓰는 플라스틱 용기 대신 유리병을 고르자. 가까운 지역의 꽃에서 나온 꿀을 맛볼 수 있도록 근방에서 생산자를 찾자.
- **우유와 주스**: 유리병에 담긴 신선한 우유와 주스를 배달해 주는 지역 업체를 찾아본다. 다행스럽게도 점점 더 많은 소비

자가 플라스틱의 대안을 찾고 있어, 유리병 포장이 늘어나는 추세다.

- **식물성 대체유:** 주스 팩과 마찬가지로 식물성 대체유는 대개 재활용이 어려운 포장에 들어있다(재활용 여부는 사는 곳에 따라 다를 수 있다). 포장재를 아예 쓰고 싶지 않다면, 직접 만들어보자. 견과류를 밤새 물에 불렸다가 믹서기에 넣는다. 원한다면 대추야자나 바닐라 추출물을 더해 달콤한 맛을 더한다. 잘 갈아서 여과 주머니나 모슬린 천에 넣고 거르자. 냉장고에서 며칠 정도는 신선하게 보관할 수 있다.
- **파스타, 면, 쌀:** 파스타와 쌀은 판지 포장재에 든 것으로, 면은 판지나 재생 가능 플라스틱 용기에 든 것으로 고르자.
- **땅콩버터:** 플라스틱 용기보다는 유리병에 든 땅콩버터를 산다. 가능하다면 가성비도 좋고 자주 재활용하지 않아도 되는 대용량 제품을 사자.
- **샐러드:** 바로 먹을 수 있는 샐러드 팩보다는 양상추, 토마토, 오이 등을 따로 구매해, 더 저렴하게 여러 번 만들어 먹자. 닭고기, 치즈, 견과류, 생선 등 좋아하는 재료는 무엇이든 넣고 드레싱을 뿌린다. 모든 샐러드에 어울리는 간단한 레몬·타임오일 드레싱 만드는 법을 98페이지에 소개한다.
- **설탕 대체재:** 짜서 쓰는 플라스틱 용기보다 유리병에 담긴 아가베나 메이플 시럽을 사자. 전 세계의 많은 블로거가 제로웨이스트에 동참하는 상점의 목록을 정리해서 올리고 있으니, 거주지나 여행지에 상관없이 인터넷에서 그 지역의 제로웨이스트 매장에 관한 정보를 충분히 찾을 수 있다.

건강식품점이나 시장에서는 종종 포장하지 않았거나 포장재를 덜 사용한 물건을 판매한다. 플라스틱의 대안을 찾는 노력은 하나도 아깝지 않다.

용기 가져가기

슈퍼마켓과 마트도 소비자들이 포장재를 덜 사용한 제품을 찾는다는 점을 잘 안다. 손님이 용기를 가져오는 것을 허용하는 곳들이 많아지고 있지만, 모든 슈퍼마켓과 마트가 이러한 정책을 펼쳐 일회용 플라스틱의 사용을 줄이는 일이 좀 더 쉬워지길 바란다. 동네 상점이 용기 사용을 꺼린다면 점장에게 여러분이 우려하는 바를 설명해 보자. 본사에 이메일을 보내거나 소셜 미디어 채널을 통해 질문할 수도 있다. 문제를 제기할수록 변화의 가능성이 더 커진다.

단골 상점에서 개인 용기 사용이 가능하고 이에 동참하고 싶다면, 이제부터 플라스틱을 쓰지 않고 집까지 안전하게 물품을 가져올 방법을 확인해 보자.

유리 용기

뚜껑이 있는 유리 용기나 유리병을 쓴다. 스테인리스 스틸 용기를 사용하거나 포장용 플라스틱 용기를 재사용할 수도 있다. 깨끗하고 물기가 없으며 잘 닫히는지 확인하자. 뚜껑을 포함한 용기의 무게를 재고 기록해 둔다. 이를 '포장 무게' 또는 '빈 용기 무게'라고 한다. 접착식 메모지나 마스킹 테이프에 빈 용기 무게를 쓰고 뚜껑에 붙여두면 상점에서 구매품의 무게를 정확히 측정해 가격에서 용기의 무게를 편하게 제할 수 있다.

델리/정육/생선 코너

물기가 있는 식품이 많으므로 돌려서 여닫는 뚜껑이 있는 유리병이나 스테인리스 스틸 용기가 가장 적당하다. 담아서 옮긴 후에 설거지하기 쉽기 때문이다. 마찬가지로 뚜껑을 포함한 용기의 무게를 측정해 적어둔다.

빵 주머니

빵집이나 마트에서 갓 구운 빵을 산다면 면이나 리넨 주머니에 담아도 되는지 물어보자. 마트에서는 보통 계산원이 상품을 확인할 수 있는 바코드 스티커를 인쇄해 주는데, 이걸 주머니에 붙이면 된다. 집에 가져와 주머니를 비우고 세탁한 후 다음번 장 보러 갈 때 떠올릴 만한 장소에 두자.

농산물 주머니

삼베나 면으로 만든 작은 농산물 주머니에 낱개로 파는 과일이나 채소를 담는다. 안이 들여다보이는 망사 주머니를 고르면 계산원이 내용물을 쉽게 확인할 수 있어 계산대 줄이 늘어지지 않는다. 대부분 빈 주머니 무게를 쓸 수 있는 라벨이 달려있는데, 라벨이 없거나 주머니를 직접 만들었다면 잘 지워지지 않는 펜으로 무게를 적자.

친환경 장바구니 쓰기

일회용 얇은 비닐 대신 다회용 장바구니를 쓰는 사람이 많아졌다. 질긴 비닐로 만든 이런 장바구니는 마트에서 제공하거나 판매하며, 찢어지거나 망가질 때까지 쓰고 바꾸면 된다. 이론상으로는 괜찮은 생각 같지만, 재생 불가능한 재료이며 생분해되지도 않는 비닐이기 때문에 결국 이런 다회용 장바구니 다수가 버려져 쓰레기장으로 간다. 게다가 빛을 받으면 광분해되면서 환경, 조류, 야생동물에게 큰 해를 미치는 미세 플라스틱으로 분해된다.

이제 지속가능성이 더 뛰어난 소재로 만든 장바구니로 바꾸자. 장 보러 갈 때 잊지 않고 챙기는 것 말곤 어려울 일이 없다. 장바구니를 가져가라는 메모를 써서 집을 나서기 전에 눈에 띌 만한 곳에 붙여두자. 나는 장 보러 가는 일정에 맞춰 휴대전화 알림을 설정한 것이 효과적이었다.

유기농 면 가방

표백이나 화학염료 처리를 하지 않아 색감이 자연스러운 장바구니를 고르자. 가볍고 튼튼하며 식료품을 많이 담을 수 있다. 더러워지면 세탁기에 돌리면 그만이다. 나는 큼지막한 면 가방 여러 개를 두고 장 볼거리가 많을 때 쓴다. 생분해되며 퇴비로 쓰기에도 적당하다.

황마 장바구니

식물성 섬유인 황마로 만든 실은 몹시 튼튼하다. 무거운 무게도 견딜 수 있어 뛰어난 내구성을 자랑하는 소재인 황마는, 생산 과정에 탄소 배출량이 적고 면직물보다 물을 훨씬 조금 사용해 친환경 지수도 높다. 하지만 스펀지로만 닦을 수 있고 장바구니 안에 무언가를 흘렸다면 자국을 완전히 닦아

내기가 어렵다. 생분해되며 퇴비로 쓸 수 있다.

끈으로 조이는 가방

끈으로 조이는 유기농 면 가방은 아주 튼튼하고 내구성이 좋으며, 끈을 당겨서 입구를 벌리면 식료품도 많이 담을 수 있다. 자리를 거의 차지하지 않아 항상 가방 안에 넣고 다니는데, 가득 채우면 아무래도 들고 다니기 불편해 장을 조금만 보거나 도서관에서 책을 빌릴 때 사용한다.

농산물 주머니

낱개로 파는 과일이나 채소를 담을 작은 농산물 주머니를 쓰자. 유기농 면을 망사 형태로 짠 주머니는 통기성이 좋아 요리할 때까지 과일과 채소를 신선하게 보관할 수 있다.

비닐 랩은 이제 그만

누구나 부엌에 비닐 랩을 두고 쓸 것이다. 남은 음식을 덮고 포장하는 데 이보다 유용한 일상용품은 없다. 하지만 비닐 랩에 들어있는 화학물질과 플라스틱 수지가 분리되지 않아, 안타깝지만 분리수거는 되지 않는다. 매립지에 쌓인 랩은 썩는 데 수백 년이 걸린다. 남은 음식은 저장 용기에 담는다 쳐도, 점심용 샌드위치를 내용물이 빠져 나오지 않게 포장할 수 있을까? 괜찮은 대안이 몇 있다.

왁스 랩
샌드위치나 그릇에 손의 체온으로 고정하는 왁스 랩을 씌운다. 왁스 랩은 물이 통과할 수 없는 막을 형성해 음식을 신선하게 보관한다. 사용한 후에는 꼭 찬물로 씻어서(액체 세제는 왁스를 벗겨낼 수 있으니 사용하지 말자.) 자연 건조한다. 왁스 랩은 6~12개월 정도 사용할 수 있으며, 생분해되고 퇴비로도 쓸 수 있다. 아이들 점심이나 샌드위치 포장에는 좋으나, 뜨거운 음식에는 적합하지 않다. 두 종류의 왁스 중 밀랍을 택할 경우 친환경적으로 관리되는 벌집에서 추출한 것을 찾자. 비건에게 적당한 식물성 왁스는 보통 콩으로 만든다. 81페이지에서 직접 왁스 랩을 만드는 방법을 소개한다.

생분해되는 종이 포장 봉투
튼튼한 무표백 종이로 만들며 기름이 배지 않아 재사용할 수 있다. 마지막에는 음식물 쓰레기통이나 퇴비통에 넣자. 쉽게 열 수 있어 아이들이 쓰기에 편리하다.

재활용 포일
제조 과정에서 일반 은박지에 비해 에너지를 95% 덜 사용하며 반복해서 재활용할 수 있다. 남은 음식을 보관하거나 샌드위치 포장에 안성맞춤이다.

남은 음식을 담을 저장 용기가 충분하지 않다면 다음 방법을 고려하자.

그릇 덮개

고정해 주는 고무 밴드가 달린 면 덮개로, 그릇 위에 씌우면 된다. 크기가 다양하고 세탁기에 빨아서 여러 번 재사용할 수 있다.

접시

새로운 걸 사기보다 갖고 있는 것을 활용하자! 다양한 크기의 접시를 그릇 위에 올려 뚜껑처럼 쓸 수 있다. 단, 냉장고를 자주 여닫는 아이가 있다면 위험하다.

지역에서 구입하자

지역 농산물 직판장은 대부분 낱개나 포장하지 않은 상태로 물품을 팔기 때문에 비닐 포장을 덜 쓴다. 정육점, 생선 가게, 델리에 용기를 가져가자.

유리 밀폐 용기(킬너/메이슨 유리병)

쓰고 남았거나 자른 과일, 채소를 보관하기에 적당하다. 용기 바닥에 물을 조금 넣고 잘게 썬 당근, 주키니 호박, 피망, 케일, 브로콜리를 담자. 물이 탁해지는지 살펴 필요하면 깨끗한 물로 갈아준다. 뚜껑 달린 유리 용기는 다지거나 썬 양파를 신선하게 보관할 때 특히 유용하다.

재사용하자

포일 재질의 포장 용기는 씻어서 보관해 두었다가 남은 음식을 담을 때 쓰자. 잼, 마요네즈 유리병도 콩, 커피 원두, 향신료, 찻잎을 저장하는 용도로 재사용한다. 아이스크림통에는 케이크, 비스킷, 롤빵을 담자. 집에서 만든 소스는 버터나 마가린통에 담는다.

랩 만들기

랩 만들기는 아주 간단하다. 순면으로 된 낡은 베갯잇이나 시트를 사용해도 되고, 천 몇 미터, 패치워크나 퀼팅용 천 조각을 모은 꾸러미를 사도 된다. 만들기 전에 새 물감 붓과 강판을 준비하자(랩을 만드느라 사용한 강판에 치즈를 갈고 싶지는 않을 것이다).

매장에서 구매한 밀랍이나 식물성 왁스 랩과는 달리, 직접 만든 랩은 감싸는 용기에 달라붙지 않는다. 그러니 감싸고 나서 아랫부분을 접어주자. 판매용 랩은 나무 수지와 호호바오일을 첨가해서 좀 더 비닐 랩 같은 느낌이 난다.

밀랍 스틱 한 개로 샌드위치 포장에 적당한 작은 랩 세 개를 만들 수 있다. 빵 포장용으로 더 큰 랩을 만들고 싶다면 밀랍이 훨씬 더 많이 필요하다.

왁스 랩 만들기

준비물:
- 순면으로 된 천
- 유산지
- 오븐팬
- 밀랍 스틱 한 개
- 강판
- 물감 붓

1. 오븐을 140도로 예열하고 오븐팬에 유산지를 깐다.
2. 천이 평평해지게끔 눌러서 편다. 천은 다양한 크기로 자른다. 샌드위치나 과일용으로는 작게, 남은 음식 보관용으로는 약간 크게 자른다. 유산지 위에 천을 놓는데, 무늬가 인쇄된 천을 사용한다면 무늬 있는 면이 유산지와 맞닿게 하고 무늬가 없는 쪽을 밀랍으로 코팅한다. 천 위에서 밀랍을 강판에 갈아 예열한 오븐에 밀랍이 녹을 때까지 3~4분 정도만 둔다.
3. 오븐에서 꺼내 천 위에 녹은 왁스를 붓으로 골고루 바른다. 빈 곳이 있으면 밀랍을 좀 더 갈아서 다시 오븐에 넣는다.
4. 랩이 밀랍으로 완전히 뒤덮일 때까지 **3**을 반복한 후 빨랫줄에 널어 말린다.

사용법

랩은 밀랍이 마르자마자 사용할 수 있고 찬물로 씻어 다시 쓸 수 있다. 제대로 씻어야 한다면 액체 캐스틸 비누(54~55쪽 참고)를 조금 사용하고 빨랫줄에 널어서 말리자. 3~4개월 정도 사용 가능하다.

친환경 물병 사용하기

물이나 음료를 담는 플라스틱병은 막대한 석유와 에너지를 들여 만들며, 이 과정에서 엄청난 양의 이산화탄소가 발생한다. 병에 든 생수를 제조하는 과정에도 물이 사용된다. 쓰레기 문제도 있다. 플라스틱병은 바다에 흘러들어 해양 생태계에 심각한 악영향을 미치거나, 매립지에 묻혀 수백 년 동안 썩지 않는다. 친환경 대안을 찾아 바꾸자.

BPA와 프탈레이트가 들어있지 않은 다회용 플라스틱

상대적으로 저렴하고 가벼우며 흔히 살 수 있다. 하지만 내구성이 떨어지고 세척이 어려워 악취와 박테리아의 온상이 된다. 재활용할 수 없어 결국 쓰레기장으로 간다. 대개 식기세척기로 설거지할 수 있다.

알루미늄

상대적으로 저렴하고 가벼우며 내구성도 뛰어나다. 알루미늄이 액체에 반응할 수 있어 안쪽에 플라스틱을 대므로 재활용되지 않는다. 식기세척기에 넣을 수 없다.

스테인리스 스틸

액체와 반응하지 않고 가벼우면서 내구성도 매우 뛰어나지만 가격이 높다. 대부분은 식기세척기로 설거지할 수 있지만, 사기 전에 한 번 더 확인하자. 보통 재활용할 수 없다.

유리

재활용할 수 있어 친환경적이며 식기세척기에 사용 가능하다. 유리병에 담은 물에서는 냄새가 나지 않는다. 가볍고 튼튼하며 내열성이 뛰어난 붕규산 유리로 만든 병을 고르자. 소다석회 유리는 급격한 온도 변화를 견디지 못하며 충격에 약하다.

어린이용 병
아이들의 성장에 맞춰 개조할 수 있는 병을 찾자. 빨대 컵에서 빨대를 분리하고 스포츠 캡을 결합하는 식의 제품을 사면 병 하나로 몇 년 동안 쓸 수 있다.

세척하기
사용 후 따뜻한 비눗물로 설거지한다. 손으로 세척할 때는 손이 잘 닿지 않아 박테리아가 번식하기 쉬운 곳까지 닦을 수 있는 다양한 크기의 세척 솔을 쓰자.

맛과 향을 더한 물
나는 가능한 한 물을 많이 마시려고 애쓴다. 물에 신선한 과일이나 허브를 더하면 좀 더 색다르게 마실 수 있다. 인퓨저가 딸린 병을 사도 되지만, 냉장고에 넣을 수 있는 커다란 물 주전자를 사용하면 간단하다. 과일이나 허브는 물에 넣기 전에 반드시 잘 씻자.

물에 맛과 향을 제대로 내려면 과일이나 허브를 주전자에 넣고 숟가락으로 으깨 즙과 향이 흘러나오게 한 후 물을 따르고 잘 젓는다. 최적의 맛과 향을 위해 밤새 냉장고에 두었다가 걸러서 마신다.

다음과 같은 조합으로 만들어보자.

- **라즈베리, 라임, 민트:** 라즈베리 열 개, 민트 잎 두 장, 얇게 썬 라임 한 조각
- **파인애플과 타임:** 잘게 자른 작은 파인애플 반 개, 신선한 타임 잔가지 두 개
- **딸기, 오렌지, 바질:** 딸기 열 개, 얇게 썬 오렌지 한 조각, 바질 잎 두 장
- **블루베리와 복숭아:** 블루베리 열 개, 잘게 썬 복숭아 두 조각

차

우리는 힘들이지 않고 차를 즐기게 해주는 티백의 간편함을 좋아한다. 하지만 소량의 플라스틱이 들어있는 티백이 많아 미세 플라스틱 걱정을 하게 된다. 다행스럽게도 플라스틱을 마시고 싶어 하지 않는 소비자들을 위해 많은 차 제조업체가 티백 원료를 고민한다. 플라스틱이 전혀 들어있지 않으면서 완전히 생분해되는 티백이 나올 때까지는 찻잎을 이용하는 편이 좋다.

찻잎

판지 상자나 금속 용기에 든 찻잎을 산다. 찻주전자나 인퓨저 하나로 차를 여러 잔 낼 수 있으므로 경제적이다. 대용량으로 구매할 수 있는 동네 도매상이나 건강식품점을 찾아보자(68쪽 참고).

인퓨저

인퓨저는 촘촘한 망을 공 모양으로 만든 것으로 개인 찻잔이나 머그잔에 쓰기 편하다. 인퓨저에 찻잎을 채우기 전에 찬물로 재빨리 씻으면 찻잎이 작은 틈으로 빠져나가는 것을 막아준다. 인퓨저에 찻잎을 반 정도 채우고 잔에 뜨거운 물을 부어 원하는 정도로 우려낸다.

찻주전자

인퓨저가 내장된 찻주전자가 있다. 인퓨저에 찻잎을 채운 다음, 뜨거운 물을 부으면 차가 우러난다.

인퓨저 머그잔

사무실에서 찻잎을 우릴 때는 분리할 수 있는 인퓨저와 뚜껑이 세트로 된 머그잔이 유용하다. 차가 다 우러나면 인퓨저를 빼서 물이 흐르지 않게 뚜껑에 올린다.

나만의 티백 만들기

티백의 편리함을 포기할 수 없거나 정

원에서 딴 허브로 차를 만들고 싶다면 직접 티백을 만들어보자. 식품에 사용할 수 있는 무표백 면모슬린으로 만든 다회용 주머니를 구해 찻잎을 넣고 끈을 당겨서 여미면 된다. 차를 다 우린 뒤에는 찻잎을 털어 퇴비통에 버리고 주머니는 뒤집어서 찬물로 헹구자.

표백하지 않은 종이나 식물성 섬유로 만든 일회용 티백을 사서 쓴 다음 음식물 쓰레기통이나 퇴비통에 넣을 수도 있다.

허브차

정원에서 따온 신선한 민트로 차를 내리는 일은 인생의 소소한 행복이다. 가든 민트, 애플민트, 초콜릿 민트, 스트로베리 민트, 레몬 민트, 오렌지 민트, 페퍼민트, 모로칸 민트 등 종류가 무궁무진한데, 내가 가장 좋아하는 것은 진저 민트다. 직접 키우지 않는다면 마트나 시장에서 구입하자. 민트차는 따뜻하게 마시는 편이 좋지만, 레몬이나 오렌지 한 조각을 곁들여 차게 마셔도 근사하다.

잘 씻은 신선한 진저 민트 잎 6~8장과 단맛을 내줄 꿀이나 설탕만 있으면 민트 차 한 잔을 만들 수 있다. 머그잔에 민트 잎을 넣고 주전자에 물을 필요한 만큼만 채워서 끓여 잎 위에 따르면 된다. 5분 동안 우려낸 다음 잎을 건지고 취향에 따라 꿀이나 설탕을 더하자.

커피

끝없이 치솟는 커피의 인기 덕에 커피 시장의 매출이 급격히 증가하고 생산 압박도 커졌다. 수요가 늘어남에 따라 유해한 경작 방식을 도입하는 경우가 눈에 띄게 많아졌으며, 토지가 황폐해지고 삼림이 파괴되는 일이 벌어진다.

원두가 저렴할수록 토양 침식, 살충제 남용, 생물학적 다양성의 결핍을 초래하는 단일 재배나 양지 재배※로 경작했을 가능성이 크다. 그러니 나처럼 커피를 달고 사는 사람이라면 더욱 심사숙고해서 커피를 골랐으면 한다.

친환경적인 방식으로 커피를 마시자

공정하게, 환경을 고려해 재배한 원두를 고르자. 사회·경제·환경 정책으로 커피 농가를 지원하는 열대우림동맹 Rainforest Alliance과 공정무역기구 Fairtrade Foundation 인증을 받은 브랜드를 찾자.

직접 원두를 갈자

분쇄하지 않은 원두를 사면 돈과 에너지를 절약할 수 있다. 커피 분쇄기의 손잡이만 돌리면 원두를 갈 수 있다. 커피 향이 환상적이며 운동도 된다!

커피 내리기

커피를 내릴 때는 전기 주전자의 에너지 효율이 가장 높다. 친환경적인 방식은 물을 필요한 만큼만 끓여서 인스턴트 커피를 타거나 프렌치 프레스로 추출하는 것, 또는 일회용 종이 필터(이것도 퇴비로 만들 수는 있다.) 대신 다회용 필터로 드립 커피를 내리는 것이다. 찬물만 이용하는 콜드 브루 방식을 택할 수도 있다.

커피 캡슐

하루도 빠짐없이 수백만 개가 버려지는 일회용 커피 캡슐은 분해되는 데 수백 년이 걸리며 대기 중에 메테인을 방출한다. 분리하기 힘든 여러 재료를 섞어서 만들기 때문에 재활용도 안 된다. 퇴비로 만들 수 있는 식물성 재료로 만든 캡슐이나, 집에서 분쇄 커피를 넣어 쓰는 다회용 스테인리스 스틸 캡슐을 찾아보자.

개인 컵을 가지고 다니자

해마다 일회용 커피 컵 약 25억 개가 매립지로 향한다. 다행히도 대형 커피 체인들이 좀 더 친환경적인 일회용 컵을 만들거나, 개인 컵을 가져온 손님에게 할인을 해주며 이 문제를 해결하려고 나서기 시작했다. 커피를 자주 산다면 개인 컵을 사용하자. 대나무, 유리, 스테인리스 스틸 컵 등 소재와 크기가 매우 다양하니 즐겨 마시는 커피에 따라 고르면 된다. 에스프레소나 플랫화이트❖❖를 즐겨 마신다면 작은 컵으로도 충분하다.

커피박을 재활용하는 방법도 알아보자.

- **퇴비**: 퇴비통, 벌레 사육장, 유기물 발효통에 커피박을 추가한다.
- **정원용 비료**: 흙에 커피박을 직접 뿌리고 잘 섞는다.
- **모발**: 커피박 한 줌을 머리에 문지르고 몇 분간 그대로 두었다가 평소처럼 머리를 감는다. 이렇게 하면 본래의 머리색이 짙어진다.
- **보디 스크럽**: 황설탕과 코코넛오일을 섞어 셀룰라이트 관리에 도움이 되는 각질 제거용 스크럽을 만든다.
- **천연염료**: 커피박으로 종이를 염색해 포장지나 감사 카드를 만든다.

❖ 그늘을 만드는 키 큰 나무를 베어내 양지에서 커피나무를 키우는 방식
❖❖ 에스프레소 샷 위에 스팀 밀크를 부어서 만든 커피

제철 식품 먹기

1970년대에는 여름에만 복숭아를 먹을 수 있었다. 잘 익은 과일을 한입 베어 물고 그 맛을 마음껏 즐기는 기쁨…. 당시에는 통조림이 아니고선 절대로 겨울에 복숭아를 먹지 못했지만 이제는 연중 어느 때나 복숭아를 살 수 있다. 다만, 겨울에 먹는 복숭아는 공처럼 딱딱하고 풍미가 깊지 않을 확률이 높다. 제철이 아닌 농산물은 채 익지 않았을 때 따서 냉장 상태로 선박이나 비행기에 실려 수천 킬로미터를 이동한다. 목적지에 도착해서는 진열대에 올리기 전에 온실에서 인공적으로 숙성되는 일이 다반사다.

과일과 채소는 갓 땄을 때 훨씬 맛있다. 봄에는 신선한 콩, 아스파라거스가 나오고, 여름에 햇볕을 받아 잘 익은 과일의 맛은 무엇에도 비할 수 없다. 가을에는 줄무늬가 있거나 색이 선명한 호박을 만날 수 있고, 겨울은

방울다다기양배추와 영양가 많은 뿌리채소를 내준다.

제철 농산물을 사면 운송 수단, 냉장 시스템, 온실을 덜 사용하므로 환경에 보탬이 된다. 게다가 제철 농산물은 공급이 충분해 값도 저렴하다.

▎신선한 농산물을 냉동하자.

나는 수입 농산물에 의존하기보다 제철 농산물을 넉넉히 사서 얼려둔다. 다음은 냉동할 과일과 채소를 준비하

는 방법이다.

- **아스파라거스**: 굵은 줄기의 양쪽 끝을 따고 끓는 물에 2~4분 정도 데친다. 찬물에 담갔다가 물기를 빼고 얼린다. 8~12개월 이내에 사용하자.
- **브로콜리, 방울다다기양배추, 콜리플라워, 줄기 콩, 케일**: 끓는 물에 2~4분 정도 데친다. 찬물에 넣었다가 물기를 빼고 얼린다. 12개월 이내에 사용하자.

과일을 얼릴 때는 오븐팬에 유산지를 깔고 미리 준비한 과일을 겹치지 않게끔 펼쳐서 놓는다. 그대로 냉동실에 몇 시간 넣어 딱딱하게 얼면, 냉동식품용 비닐봉지나 용기에 옮겨 담고 날짜를 적어두자. 과일은 3개월 동안 신선하게 보관할 수 있다. 얼리기 전에 다음과 같이 준비한다.

- **사과, 배**: 껍질을 벗긴 다음 속을 도려내고 얇게 썬다.
- **무화과**: 씻어서 잘 말린다.
- **자두**: 씻어서 반으로 자르고 씨를 뺀다.
- **대황**: 씻어서 여러 조각으로 자른다.
- **딸기**: 씻어서 꼭지를 딴 다음 반으로 자른다.

다양한 방법으로 농산물을 저장하자.

잼, 젤리, 처트니❖, 코디얼❖❖로 계절을 기념하거나 선물한다. 저장 식품을 만드는 일이 아주 어렵지는 않지만, 제대로 해내려면 연습이 좀 필요하다.

- **잼 만들기에 좋은 과일**: 블랙베리, 서양자두, 무화과, 복숭아, 딸기, 촉성❖❖❖ 대황 (대황은 진이나 보드카에 최고의 풍미를 더한다. 인터넷에서 레시피를 찾아보고 마트 자체 브랜드에서 나온 저렴한 진이나 보드카를 사서 맛을 내보자.)
- **피클 담기에 좋은 채소**: 비트, 주키니 호박, 줄기 콩, 적양배추

❖ 과일이나 채소에 향신료를 버무린 소스
❖❖ 물에 타서 마시는 달콤한 농축 과즙
❖❖❖ 인공적인 조건을 더하여 빨리 자라게 하는 것

잼 만들기

나는 잼 만들기가 복잡한 일이라고 생각했었다. 병 소독에, 꼭 맞는 응고 온도를 찾아야 한다는 생각만으로도 부담스러워서 늘 그냥 사곤 했다. 하지만 요령을 터득하고 나서는 완전히 오해였다는 걸 알았다. 한겨울에 딸기와 엘더플라워로 만든 잼 병에 숟가락을 넣으면 그 즉시 햇볕 쨍쨍한 여름날로 돌아가는 기분이 든다.

클립으로 여닫는 뚜껑과 보존용 고무 패킹이 있는 유리병이 잼을 담기 편할 뿐더러 여러 번 재사용할 수 있다. 다 먹은 잼 병을 재활용해도 좋다. 하지만 이 경우 반드시 밀폐용 속 뚜껑을 새로 구매해 박테리아가 병 안으로 들어가서 잼이 상하는 일을 막자. 차가운 병에 뜨거운 음식을 담거나, 뜨거운 병에 찬 음식을 넣으면 병이 깨질 수 있으니 주의한다.

- **소독:** 오븐을 130도로 예열한다. 병, 뚜껑, 고무 패킹을 따뜻한 비눗물로 세척하고 헹군다. 유리로 된 병과 뚜껑은 오븐 팬에 올려 30분 동안 오븐 안에 두고, 고무 재질의 뚜껑이라면 패킹과 함께 끓는 물에 담가 소독한다.
- **온도:** 잼의 응고 온도는 105도이다. 설탕 시럽의 온도를 재는 설탕 온도계를 사용하는 것이 가장 편리하다. 또는 '주름 테스트'로 확인할 수도 있다(주름 테스트 방법은 이어지는 내용 참고).
- **타이밍:** 병을 30분 정도 소독해야 하므로 나는 병을 오븐에 넣고 20분간 기다렸다가 과일 냄비를 달구기 시작한다. 10분 동안 잼을 끓이고 나면 30분가량 소독한 병에 잼을 담을 준비가 된다.

딸기와 엘더플라워 잼 만들기

잼 3병 분량 만들기

준비물:

- 딸기 600g(6컵, 꼭지를 딴 후의 무게)
- 잼 만들기용 설탕 500g(2와 1/2컵, 펙틴이 들어있어 잼의 응고를 돕는다.)
- 희석하지 않은 엘더플라워 주스 50㎖(3과 1/2큰술)

1. 꼭지를 따고 씻은 딸기를 커다란 냄비나 잼 냄비에 넣는다. 딸기에 설탕을 붓고 섞은 후 뚜껑을 덮어 밤새 둔다.
2. 다음 날 병, 뚜껑, 고무 패킹을 소독한다.
3. 병 소독을 시작하고 20분 후에 **1**을 가열하기 시작해 10분간 끓인다. 설탕 온도계를 사용한다면 105도에서 불을 끄자. 주름 테스트를 이용한다면 잼이 다 된 듯할 때 불을 끈다. 냉장고에서 차게 식힌 접시에 잼을 조금 떠서 올리고 식혔다가(화상에 주의) 손가락으로 눌러본다. 주름이 잡힌다면 응고 온도에 도달한 것이다. 주름이 생기지 않으면 5분간 더 끓인 후에 테스트를 다시 한다. 몇 분 식힌 후 엘더플라워 주스를 넣고 섞는다.
4. 뜨겁게 소독한 병에 잼을 옮겨 담고 밀봉한다.
5. 서늘하고 어두운 곳에 보관한다. 개봉 후 냉장고에 넣고 3개월 이내에 먹는다.

채집

나는 먹을거리를 찾아 밖으로 나가는 걸 즐긴다. 바구니 가득 이파리, 버섯, 열매를 따온다. 단, 독이 있는 것을 구분해 안전하게 채집해야 한다. 나는 동네 선생님이 진행하는 채집 수업을 들었는데, 채집에 관심이 있다면 이런 수업을 꼭 듣기를 진심으로 권한다.

채집은 반드시 책임감 있게 해야 한다. 사유지에 들어가지 말고, 새를 비롯한 야생 동물을 위해 싹쓸이를 해선 안 된다. 바닷가에 산다면 해조류, 샘파이어❖, 조개류를 구할 수 있을 텐데, 야생 음식을 식별하는 법을 공부하고, 먹어도 되는지 백 퍼센트 확신할 수 없다면 절대 먹지 말자.

채집한 것은 모두 꼼꼼히 씻어야 한다는 점을 명심하고, 붐비는 차도 근처에 있는 풀이나 열매는 자동차 매연에 오염될 수 있으니 채집하지 않는다.

다음은 채집에서 구하기 좋은 먹을거리이다.❖❖

- **블랙베리**: 가시가 있는 관목의 열매로 처음에는 녹색이었다가 빨갛게 변한 후 진한 보랏빛을 띠는데, 검은빛일 때 따면 된다. 크럼블, 케이크, 와인, 식초, 잼을 만들 때 사용할 수 있다. 냉동하기 좋다.
- **민들레**: 꽃은 샐러드, 꽃잎은 와인, 어린 잎은 페스토에 쓴다. 잔디밭, 공원, 정원에서 흔히 자라지만 살충제를 뿌렸는지도 모르므로 자기 집 정원에서 꺾는 게 이상적이다.
- **엘더플라워**: 윗부분이 평평하고 상아색을 띤다. 꽃과 열매는 약한 독성이 있어 반드시 조리해서 먹어야 한다. 꽃으로 주스, 젤리, 와인, 차, 케이크 등을 만들 수 있다. 91쪽에 딸기와 엘더플라워 잼 만드는 법이 있다.
- **쐐기풀**: 쐐기풀은 브로콜리나 시금치보다 비타민과 미네랄이 풍부한 슈퍼푸드다. 어리고 꽃이 피기 전에 수확한다. 매우 따가우므로 장갑을 껴야 하지만, 찌고 살짝 데치면 괜찮다.
- **잎이 넓은 마늘/야생 마늘**: 잎, 줄기, 꽃은 수확하되 알뿌리는 둔다. 딴 후에는 금방 시드니 가능한 한 빨리 냉장고에 넣거나 바로 사용하자. 갈릭 버터를 만들거나 샐러드, 빵, 페스토, 프리타타, 타르트에 이용할 수 있다.
- **가시자두**: 가시자두 덤불의 작은 보라색 열매로, 주로 시골 샛길의 생울타리에서 볼 수 있으며, 정원에 자연스럽게 가꾼 생울타리에서도 보인다. 영국과 유럽이 원산인 가시자두 덤불은 북미, 호주, 뉴질랜드에도 적응했다. 여름에 구슬 크기의 열매를 맺는데, 녹색에서 짙은 남색으로 변한다. 열매를 가르면 녹색 과육과 가운데 자리한 자두 비슷한 작은 씨가 보인다. 잼, 식초, 위스키를 만들자.
- **야생 딸기**: 야생 딸기는 작지만 톡 터지는 맛이 있다. 그대로 먹거나 크림을 곁들일 때 가장 맛있다.

❖ 바닷가 바위틈에서 자라는 미나릿과 식물
❖❖ 국내에서 채집으로 구할 수 없는 것이 많으니 여기에 등장하는 내용은 참고만 한다. -편집자

진, 보드카, 위스키에 맛과 향을 더하자

적은 재료로 간단하게 맛있는 술을 만들 수 있다. 오래 기다릴수록 풍미가 진해지니 비결은 인내심이라 할 수 있겠다. 작은 술병에 담으면 크리스마스 선물이나 결혼 답례품으로도 좋다. 내가 가장 좋아하는 가시자두를 넣은 진은 추운 겨울밤에 가볍게 즐기기에 안성맞춤이다.

열매를 따기 전에

도서관에서 야생 음식 식별법을 알려주는 책을 빌려서 가져가거나, 블로그 또는 유튜브 동영상을 통해 전문 채집꾼의 조언을 확인한다.

가시자두 진 만들기

큰 병 2개 분량 만들기

준비물:

- 700㎖ 용량 진
- 가시자두 500g
- 백설탕 가루 250g(1과 1/4컵)
- 뚜껑과 고무 패킹이 있는 큼지막한 킬너/메이슨 유리병 2개(90쪽의 내용대로 소독해서 준비)
- 모슬린 천(올이 성긴 얇은 무명천)

1. 커다란 그릇에 가시자두를 넣고 물을 붓는다. 열매에서 잎사귀, 먼지, 벌레가 떨어지게끔 20분 동안 기다린다.

2. 체에 밭쳐 물을 빼고 헹군다. 냉동식품용 비닐봉지에 넣어 밤새 냉동실에 둔다(이렇게 하면 껍질이 벗겨지면서 천연 과즙이 나온다).

3. 다음 날 병 하나에 열매를 채우고 설탕으로 덮는다. 그 위에 진을 붓고 밀봉한 다음, 섞이도록 흔든다. 서늘하고 빛이 들지 않는 곳에 두고 일주일에 한 번씩 다시 흔든다.

4. 3개월 후에 모슬린 천으로 술을 걸러 소독한 병이나 단지에 담아 마신다.

걸러낸 가시자두는 크럼블에 올리거나 초콜릿에 찍어 먹자!

참고

가시자두는 다음으로 대체할 수 있습니다.
- **불리스:** 짙은 남색의 작은 야생 자두로 큼지막한 가시자두로 착각하기 쉬워요. 녹색 자두와 맛이 흡사하며 진 또는 보드카의 짝꿍!
- **서양 자두:** 자두보다 작고 짙은 보라색이며 불리스나 가시자두보다 타원형에 가까워요. 가을에 농산물 직판장에서 쉽게 볼 수 있어요.

직접 길러 먹기

발코니나 창턱에 화분을 두거나 현관에 바구니를 매달 수 있다면 집에서도 잘 자라는 과일, 허브, 채소를 기르자. 야외 공간이 전혀 없을 땐 실내 창턱의 화분에서 키울 수 있는 식물 중에 몇 가지를 고른다.

하나만 키워도 자연과 좀 더 가까워지는 집이 된다.

나는 여름마다 나의 자그마한 도심 정원에 식용 작물 몇 가지를 기른다. 주로 덩굴강낭콩, 토마토, 딸기, 시금치를 접이식 화분 두 개와 오래된 과일 상자 두 개에 키우는 식이다. 선선한 계절에는 실내에 몇 가지를 두고 기른다.

실내 창턱에서 기르자.

깊이가 적어도 10cm 이상인 화분을 골라 바닥에 배수 구멍을 추가로 뚫는다(물이 흐르지 않게 하려면 화분 받침도 필요하다). 위에서부터 3~4cm 정도를 남기고 질 좋은 화분용 다목적 퇴비를 채우자. 퇴비에 물을 준 다음 씨를 뿌린다.

- **샐러드용 어린잎채소**: 화분에 직접 씨를 뿌린다. 퇴비로 얇게 덮고 규칙적으로 물을 주면서 흙을 촉촉하게 유지한다. 좁은 곳에서 너무 많이 자라지 않도록 솎아주어야 할 수도 있다. 잎이 몇 센티미터 자랐을 때 수확하면 다시 자란다. 양상추는 뜨거운 곳에서 시들기 쉬우니 햇볕이 들지 않는 곳에 두자.

- **완두 싹**: 완두를 미리 24시간 동안 물에 담가둔다. 촘촘하게 심고 퇴비로 덮은 다음 물을 준다. 따뜻한 계절이라면 매일, 서늘한 시기라면 하루걸러 물을 준다. 2주가 지나면 싹을 수확할 수 있다. 두 번 수확도 가능하다.

- **루콜라와 시금치**: 화분에 직접 씨를 뿌

리자. 퇴비로 얇게 덮고 규칙적으로 물을 줘 흙을 촉촉하게 유지한다. 어린잎이 자라는 데 3~4주 정도 걸린다.

야외에서 기르자.

- **식용 꽃**: 보리지, 금잔화, 금련화, 제비꽃은 모두 화분이나 창턱 화단에서 잘 자란다. 보리지, 금잔화, 금련화는 샐러드에 이용하자. 아름다운 제비꽃은 케이크를 장식하거나 디저트, 과일샐러드에 뿌리기 좋다. 금련화 잎은 고추가 들어간 페스토에 어울린다.
- **줄기 콩**: 키가 작은 품종을 고른다. 서리가 내릴 가능성이 없는 늦은 봄, 야외에 씨를 뿌린다. 콩은 화분 가장자리에 심고 가운데에 다년생 식물이나 허브를 심으면 벌도 좋아할 것이다.
- **허브**: 카모마일, 민트, 오레가노, 로즈메리, 세이지, 타임은 모두 화분에서 잘 자란다. 민트는 자라는 속도가 매우 빨라 다른 허브의 성장을 방해하므로 단독으로 키우자. 지나치게 많거나 남은 허브를 다 쓰고 싶다면 침출유를 만든다.
- **딸기**: 다양한 품종을 사면 각기 다른 시기에 열매를 맺기 때문에 수확의 기쁨을 길게 누릴 수 있다.

레몬과 타임 침출유 만들기

집에서 길러 먹는 채소나 남은 샐러드 재료에 생기를 더할 때마다 이 드레싱이 빛을 발한다. 레몬 껍질로 향을 내는 레시피이니, 즙을 짜고 남은 레몬이 있다면 침출유를 만들어 재료를 말끔히 처리해 보자.

250㎖ 1병 만들기

준비물:

- 왁스를 깨끗이 닦은 레몬 2개
- 유체씨유(카놀라유) 250㎖(1컵)
- 신선한 타임이나 레몬타임 가지 4~6개 정도
- 뚜껑이 있는 병 1개(90쪽의 내용대로 소독해서 준비)

1. 레몬을 씻어서 껍질을 벗긴다. 작은 편수냄비에 껍질과 기름을 넣고 10분 동안 서서히 데우는데, 이때 끓지 않도록 주의한다.
2. 불을 끄고 타임 가지를 넣은 다음 완전히 식도록 둔다.
3. 식으면 타임 가지와 레몬 껍질을 꺼내고 소독한 유리 단지나 병에 기름을 옮겨 담는다. 한 달간 보관할 수 있다.

- **토마토:** 화분이나 매다는 바구니에서 잘 자라는 덤불 품종이나 늘어지는 품종을 고른다. 유기농 해초 액체 비료를 주자.

천연 비료

칼륨, 칼슘, 인은 튼튼한 식물을 기르는 데 꼭 필요한 미네랄이다. 바나나 껍질에는 이러한 영양분이 풍부해 건강한 작물을 재배하는 데 도움이 되는 훌륭한 비료를 만들 수 있다. 집에서 만든 바나나 껍질 비료를 토마토, 양상추, 다른 채소에 주자. 장미에도 유익해 바나나 껍질을 잘게 잘라 장미 뿌리 주변에 뿌리면 더 잘 자란다.

바나나 껍질 액체 비료를 만들려면 1ℓ들이 유리병과 유기농 바나나 껍질 두 개가 필요하다. 살충제나 제초제를 뿌리지 않은 유기농 바나나를 고르자. 병에 바나나 껍질을 넣고 물을 가득 채운다(빗물이 가장 좋지만 수돗물도 괜찮다). 병 윗부분을 천으로 덮어 48시간 동안 두었다가 껍질은 꺼내 퇴비 더미에 넣는다. 액체는 물뿌리개에 옮겨 담아 식물에 뿌리면 된다.

영양분을 충분히 더하고 싶다면 흙에 바나나 껍질을 직접 묻어보자. 껍질을 묻을 땐 적어도 10cm 이상을 파야 해충이나 유해 동물을 막을 수 있다.

음식물 쓰레기를 줄이는 꿀팁

평균적인 가정에서 나오는 음식물 쓰레기의 양은 어마어마하다. 음식물 쓰레기는 대부분 분해되는 시간이 길고 대기 중에 유독한 온실가스를 내뿜는다. 음식물 쓰레기는 곧 돈이다. 식료품값도 끝없이 오르는 마당에 돈도 절약하고 환경도 지킬 수 있는 음식물 쓰레기 줄이기를 적극 실천하자.

이제부터 매주 버려지는 가장 흔한 음식을 남김없이 쓸 수 있는 유용한 방법을 소개한다.

바나나
잘 익은 바나나를 얇게 썰어 얼린다. 믹서기에 바나나를 넣고 소프트아이스크림처럼 보일 때까지 간 다음, 초콜릿 칩이나 땅콩버터를 더하고 용기에 넣어 단단해질 때까지 얼리자. 온라인에는 바나나 빵, 머핀, 팬케이크 레시피가 많다.

빵
어떤 종류든 빵은 다 먹기 전에 딱딱해지기 쉽다. 덩어리 빵은 즉시 얇게 자르고 용기나 냉동식품용 비닐봉지에 담아 냉동실에 넣자. 샌드위치용 빵도 같은 방식으로 하면 된다. 얼린 빵을 전자레인지에 해동하는 사람도 있는데, 나는 그대로 토스터에 넣는다. 빵 껍질로는 빵가루를 만든다. 믹서기에 넣고 굵게 다진 다음 햄버거, 미트볼, 파스타에 쓰자.

우유
매주 우유 수백만 잔이 개수대에 버려진다. 소포장으로 구매하거나 유리병에 담아 배달해 주는 지역 유제품 업체를 알아본다. 베샤멜 소스❋를 만들어 체더 치즈를 갈아 넣으면 남은 우유를 다 쓸 수 있다. 베샤멜 소스는 냉동실에 두었다가 저녁으로 준비한 라자냐나 콜리플라워 치즈에 쓰면 된다.

감자

구이 요리용 감자를 미리 준비해 둔다. 살짝 데쳐서 냉동실에 두었다가 냉동 상태로 조리한다. 한 달 이내에 사용하자. 남은 매시트포테이토도 한 달간 냉동 보관할 수 있다(데우기 전에 해동하자). 감자 껍질로는 맛있는 튀김을 만든다. 올리브오일을 약간 두르고 소금이나 커민 가루를 살짝 뿌려, 200도로 설정한 오븐에서 바삭해질 때까지 10분간 굽는다.

샐러드용 채소

포장된 샐러드용 채소는 편리하고 다채롭지만, 일단 봉지를 열면 산소와 접촉해 잎들이 누런 점액질로 변하기 시작한다. 좀 더 오래 보관하려면 소쿠리에 옮겨 찬물로 씻자. 물기를 뺀 다음 깨끗한 젖은 행주로 감싸 냉장고 채소 칸에 넣어두면 일주일은 신선하게 보관할 수 있다.

치즈

치즈 자투리와 부스러기를 냉동실에 모은다. 남는 치즈가 생길 때마다 보탰다가 마카로니에 어울리는 소스나 콜리플라워 치즈를 만들 수도 있고 피자에 올려도 된다. 파르메산 치즈의 껍질은 수프나 스튜에 넣고, 체더 치즈 자투리는 스콘에 넣거나, 풍미 넘치는 치즈·차이브 덤플링❖❖을 만들어 캐서롤이나 스튜에 올리자.

천연/그리스식 요구르트

다진 적양파, 적양배추, 길게 썬 당근, 레몬즙으로 코울슬로를 만들 때 마요네즈, 천연 요구르트, 양념을 추가한다. 파스타에 크림 대신 천연 요구르트를 쓸 수 있다. 요구르트에 잼이나 과일소스를 섞어 얼리면 홈메이드 요구르트 아이스크림이 된다.

❖ 밀가루, 버터, 우유, 생크림으로 만든 소스
❖❖ 스튜나 수프에 넣는 경단

허브를 오래 보관하는 방법

신선한 허브를 요리해 먹는 기쁨이 얼마나 큰지 모른다. 화창한 날 직접 기른 신선한 타임을 잘라 환상적인 향을 맡는 근사한 경험. 한겨울에는 이런 일을 할 수 없으니 종종 사서 쓰게 되는데, 냉장고에 남은 걸 넣어 놓고는 잊기 일쑤고, 잊힌 허브는 채소 칸에서 순식간에 흐물흐물한 곤죽이 된다.

하지만 허브를 더 오랫동안 신선하게 보관할 방법이 있다.

바질

바질을 산다면 화분에 든 것을 고르자. 바질은 오랫동안 계속 자라니 해가 잘 드는 창턱에 두고 꾸준히 물을 준다. 쓰고 싶을 땐 위에서부터 가장 큰 잎을 따자. 그러고 나서 줄기를 내려다보면 작은 잎 결절 두 개가 삐죽 나온 게 보인다. 그 결절 바로 위에서 줄기를 자른다. 이렇게 하면 양분이 남은 줄기를 타고 어린잎으로 가서 일주일 정도 후에 다 자란 바질 잎을 얻을 수 있다. 성장이 더뎌질 때까지 반복해 쓰고 나서 퇴비 더미에 넣는다.

소포장 허브

타임, 로즈메리, 파슬리, 고수는 포장에서 꺼내 제대로 자라지 않은 잎을 골라낸다. 그런 잎을 먼저 사용하거나 이어지는 보존법대로 보관한다. 남은 줄기는 밑을 조금 잘라내 물이 담긴 컵에 넣는다. 이때 잎이 물에 잠기지 않게 줄기만 물에 넣는다. 이렇게 냉장고에 두면 두어 주 정도 신선하게 보관된다. 허브에 생기가 돌도록 며칠에 한 번은 물을 갈아주자.

보존

소포장된 허브나 집에서 키운 허브에 알맞다. 깨끗한 얼음틀 두어 개, 허브, 올리브오일을 준비한다. 줄기에서 잎을 떼서 대충 다지고, 각 얼음 칸에 허브를 반쯤 채운 다음 올리브오일을 뿌린다. 왁스 랩(81쪽 참고)으로 덮어서 냉동실에 넣자. 일단 얼면 개별 용기나 냉동식품용 비닐봉지에 옮겨 담을 수 있다. 얼린 허브는 양파나 마늘을 조리할 때 이상적인 밑바탕이 되어주며, 요리하기 전에 해동할 필요가 없다. 오레가노, 로즈메리, 타임, 세이지에 가장 적합한 방법이고, 고수나 바질처럼 부드러운 허브에는 맞지 않는다.

건조

정원에서 허브 다발을 꺾거나 슈퍼마켓에서 소포장 허브를 산다. 잘 씻고 가볍게 두드려 말린다. 실이나 고무줄로 줄기끼리 묶어 따뜻하고 건조한 곳에 걸어두자. 반드시 꽃과 잎이 아래를 향해야 한다.

퇴비 만들기

음식물 쓰레기를 해결하는 가장 쉬운 방법이 퇴비로 만드는 것이다. 이미 많은 지자체가 음식물 쓰레기를 따로 정기적으로 수거해 퇴비로 바꾸는 방식으로 주민들을 돕고 있다.

안타깝게도 우리 지자체는 이런 사업을 하지 않아, 나는 뒷마당에 놓을 작은 퇴비통을 구입했다. 퇴비를 쓰면 토양 개선에 도움이 되는 필수 영양분을 공급하면서 음식물 쓰레기를 매립지에 보낼 필요가 없어 환경에 아주 좋다.

퇴비로 만들 수 있는 것

과일과 채소 찌꺼기, 달걀 껍데기, 커피박, 찻잎, 티백(플라스틱이 들어있지 않은 것, 84~85쪽 참고), 페이퍼 타월, 신문, 동물과 사람의 털, 반려동물의 건조 사료, 면이나 모 같은 천연섬유를 퇴비로 만든다.

야외 공간이 협소하거나 전혀 없어도 음식물 쓰레기를 퇴비로 만들 방법은 많다.

유기물 발효통

실내에서 퇴비를 만들 때 적합한 방법으로, 좁은 공간에서도 가능하다. 날것이든 익힌 것이든 음식물 쓰레기는 무엇이든 통에 넣고, 좋은 박테리아를 함유한 밀기울을 흩뿌린다. 과정을 반복하며 통을 꽉 채우고 뚜껑을 닫아 2주 동안 발효시키자. 발효 과정에서 나오는 액체 비료에는 유익한 영양분이 가득하니 원예 식물이나 실내 화초에 뿌린다. 음식물 쓰레기는 2주에 걸쳐 일반 퇴비로 분해되며, 그것을 기존 퇴비통에 더하거나 정원이나 벌레 사육장에서 쓴다.

벌레를 이용한 퇴비

벌레는 부엌 쓰레기를 영양 가득한 퇴비와 액체 비료로 바꾼다. 벌레들은 너무 덥거나 추운 환경을 좋아하지 않으므로 정원에서 비바람이 들지 않는 자리나 차고, 창고에 사육장을 둔다. 실내의 좁은 공간에도 알맞다. 인터넷에서 직접 벌레 사육장을 만드는 방법을 찾아보자.

믹서기를 이용한 냉 퇴비화

믹서기로 즉석 퇴비를 만들자. 과일과 채소 찌꺼기, 달걀 껍데기, 잘게 찢은 신문지, 커피박을 믹서기에 넣는다. 물을 채우고 곤죽이 되도록 간다. 정원에 작은 구덩이를 파고 간 것을 붓는다. 설치류가 오지 않도록 흙으로 잘 덮는다.

퇴비화 사업

음식물 쓰레기를 퇴비로 만들고 싶지만 스스로 할 만한 마땅한 장소나 자원이 없다면 퇴비화 사업에 참여할 수 있는지 알아보자. 매립지로 보내는 쓰레기를 줄이고 지역 사회에 도움이 되는 퇴비를 만들 목적으로 음식물 쓰레기를 받아주는 곳이 있다. 동네에서 퇴비를 만드는 곳을 검색해 보고 음식물 쓰레기는 기부할 때까지 얼려두자.

4.
자연을 생각하는 옷 입기

"잘 골라 적게 사고 오래 입자."

_비비안 웨스트우드 Vivienne Westwood

슬로 패션

저렴한 의류를 마구 사들이면 지구에 어마어마한 스트레스가 된다. 패스트 패션은 어느새 석유 산업에 이어 두 번째로 지구에 심각한 악영향을 미치는 오염원으로 등극했다. 흔한 섬유 중 하나인 폴리에스터는 본질적으로 플라스틱이다. 석유가 주원료인 합성섬유라서 대량 생산에 매해 수백만 배럴의 식유가 든다. 탄소 배출량이 많아 탄소발자국이 면화의 두 배에 이르며 생분해되지도 않는다. 게다가 합성섬유는 세탁할 때마다 아주 작은 알갱이가 빠져나오면서 셀 수 없이 많은 미세 플라스틱을 하수도로 배출한다.

가능한 한 빨리 디자인해서 제작하고, 소비자에게 저렴한 가격으로 판매할 목적으로 해마다 막대한 양의 의류가 쏟아진다. 예전에는 전통적으로 연간 두 차례의 패션 컬렉션이 있었으나, 요즘에는 패스트 패션 산업으로 한 해에 50번의 새로운 컬렉션이 선보인다. 의류 소비가 빠르게 늘어남에 따라 옷 하나를 보유하는 기간과 입는 횟수는 급격히 감소하고 있다. 의류 제조업체에 쌓이는 방대한 재고는 결국 매립지 신세가 된다.

저렴하게 더 많이 구매하라는 속삭임은 매혹적이다. 새 옷 덕분에 기분 전환도 되고, 근사해 보이는 느낌도 든다. 한때 나는 쇼핑이 취미였으며 싸구려 티셔츠, 상의, 가방으로 몇 바구니를 그득그득 채우는 식으로 옷을 샀다. 집에 다 넣을 공간이 부족했을 정도다. 이제는 그런 식으로 쇼핑하지 않는다. 물론 하룻밤 새에 일어난 변화는 아니다. 엄청난 자제력이 필요하지만 확실히 점점 더 쉬워지고 있다. 이제, 옷장을 정리하고 이미 가진 것을 충분히 활용하며 좀 더 계획적으로 구매하는 습관을 들이자.

옷장 정리

보통은 매장에 진열된 걸 보고 눈에 들면 쓱 입어본 다음 옷을 산다. 하지만 몇 번 걸치다 보면 어딘가 불편하거나, 잘 맞지 않거나, 갖고 있는 다른 옷과 어울리지 않아 별로라는 결론이 나오는 옷이 생기고, 그런 옷은 옷장 뒤쪽에 처박혀서 이내 잊힌다. 옷장이나 서랍장을 채운 옷을 전부 꺼내 무엇이 있는지 파악하고 정리하자. 좋아하지 않는 옷은 기부하거나 처분해 친환경 옷장을 만들자. 친구들과 옷 교환 모임을 열 수도 있다(125쪽 참고).

옷장, 이렇게 정리하자.

- 상자 두 개를 마련한다. 하나는 기부용, 다른 하나는 재활용이다.
- 옷장에서 모든 것을 꺼내되, 스웨터끼리 한 더미, 원피스끼리 한 더미, 이런 식으로 비슷한 종류끼리 한데 모은다.
- 옷장을 비웠다면 먼지를 털고 깨끗이 닦는다. 나방을 막는 데 효과적인 라벤더 오일을 사용하면 좋다. 진공청소기로 재빨리 청소하고 환기하자.
- 옷더미를 하나씩 꼼꼼히 살펴 간직하고 싶은 것, 기부할 것, 재활용할 것을 정한다(결정에 도움이 될 질문은 이어지는 내용을 참고하자). 가지고 있을 옷은 다시 옷장에 넣고 처분할 옷은 해당 상자에 넣는다.
- 샅샅이 검토해 분류가 끝나면 기부할 옷을 중고품 가게에 전달하거나 재활용 의류함에 넣는다.
- 다른 상자의 내용물은 재활용하거나 폐기한다. 면 제품이라면 청소용 걸레로 쓸 수 있다.

다음 질문을 해보자.

- 이 옷을 입으면 어떤 기분이 드나? 기분이 좋으면 보관, 불편하거나 어색하다면

처분이다.
- 편안하고 잘 맞나? 아니라면 떠나보내자.
- 마지막으로 언제 입었지? 일 년이 넘었다면 가지고 있는 이유는?
- 손상되었다면 수선할 만한 가치가 있나? 그렇지 않다면 폐기하자.
- 쓸모가 있거나 갖고 있을 마땅한 이유가 있나? 임부복, 스포츠용품, 복직할 때 필요한 옷이 여기 해당한다. 그럴 만한 이유가 있다면 보관한다.

감상에 젖은 물건은 처분하기

애착을 느끼는 의류는 정리하기 어렵다. 내 웨딩드레스는 지금 입는 옷보다 두 치수나 작고 다시 입을 일도 결코 없었지만, 그래도 왠지 떠나보내기가 아쉬웠다. 하지만 기부하기로 큰 맘을 먹자 드레스가 옷장 안에 영원히 잠자고 있기보다는 다른 사람을 아름답게 해주는 편이 훨씬 낫다는 사실을 마침내 깨달을 수 있었다.

나방 퇴치

천연섬유 소재 옷이 환경에 유익하다지만, 자칫 나방에게 천국 같은 옷장을 선사할 우려가 있다.

나방은 어둡고 따뜻한 곳에서 쉽게 번식하며, 때 이르게 더운 봄에 알을 많이 낳는다. 여름옷이 겨우내 옷장에 있었다면 따뜻한 날 꺼냈을 때 구멍투성이일 수도 있다. 옷좀나방은 약 65일간 살면서 50개 이상의 알을 낳는다. 유충은 옷 섬유를 파고들며 직물을 먹어 치운다.

집에서 날아다니는 나방을 봤거나 나방 고치를 찾았다면 이미 나방이 들끓을 가능성이 크다. 독한 방충제로 문제를 해결하기보다는 자연 요법으로 나방을 박멸하자.

옷장에 나방이 있다면 이렇게 한다.

- 옷장을 청소한다(물건을 전부 꺼내고 진공청소기를 돌린 다음 젖은 천과 55쪽의 천연 다용도 세정제로 모든 표면을 닦자).
- 천연섬유 의류를 모두 세탁한다.
- 냉동실이 크다면 옷을 하나씩 밀봉해 48시간 동안 얼린다. 결빙 온도에서 유충이 죽는다.
- 냉동실이 크지 않다면 다림질로 유충과 나방알을 제거한다.
- 붉은 삼나무 기름으로 나방을 퇴치할 수 있다. 삼나무 옷걸이나, 집에 있는 옷걸이에 맞는 삼나무 고리를 구매한다. 삼나무 고리, 옷걸이, 볼은 3개월 정도 효과를 발휘한다. 3개월 후에 사포로 가볍게 문질러주면 다시 향을 내뿜는다.
- 철 지난 옷은 통기성이 좋은 의류 커버에 밀봉하고 삼나무 볼을 넣는다.
- 더러운 옷을 절대 옷장이나 서랍에 넣지 말자. 나방 유충은 땀과 옷에 묻은 음식물을 즐겨 먹는다.
- 말린 허브 주머니를 만든다. 나방은 라벤

더, 로즈메리, 타임 같은 강한 허브 향을 질색한다. 허브를 어두운 곳에 걸어놓고 말린 다음, 옷장, 벽장, 서랍에 넣을 주머니를 만들자. 정원에서 따거나 온라인에서 말린 허브를 산다.

천연 나방 퇴치제 만들기

1병 분량 만들기

준비물:

- 말린 로즈메리, 라벤더, 타임 크게 한 뭉치
- 다시 쓸 수 있는 작은 면 주머니(헝겊 조각으로 직접 만들어도 된다.)

1. 라벤더 줄기에서 꽃, 로즈메리 가지에서 바늘 모양 잎, 타임 가지에서 잎을 훑어내 그릇에 넣고 잘 섞는다.
2. 면 주머니에 섞은 허브를 넣고 옷장, 서랍, 벽장에 걸어둔다.

옷 수선과 관리

옷을 덜 사되 더 품질 좋은 옷을 사면 환경에 미치는 영향이 줄어든다. 비싼 옷을 사면 그만큼 오래 입길 바라게 된다. 하지만 일이 늘 뜻대로 흘러가지는 않는다. 아끼는 스웨터 소매에서 올이 풀리거나 옷단이 뜯어지고 청바지가 찢어지기도 한다. 바느질 솜씨도 없고, 그렇다고 수선을 맡기자니 비용이 많이 들 것 같으면 골치가 아파진다. 하지만 집에서 간단히 수선할 방법이 있을지 모른다.

밑단 테이프

바지를 줄이거나 올이 풀려버린 단을 수선하는 굉장한 물건이다. 한 땀도 꿰맬 필요 없고, 천끼리 접착하면 된다. 일단 옷의 안팎을 뒤집어서 줄이고 싶은 길이만큼 접는다. 밑단의 가장자리 선에 꼭 맞게 테이프를 잘라 접은 부분에 넣는다. 행주를 적셔서 테이프를 집어넣은 자리 위에 얹고, 뜨겁게 달군 다리미로 행주 위를 세게 누른다. 두어 번 반복한 후 행주를 치운다.

다리미로 접착하는 청바지용 조각 천

순면이며 다리미로 붙이는 조각 천은 다양한 색과 크기, 모양이 있어 해진 부분을 때우기 편리하다. 찢어진 곳에 맞는 작은 동그라미부터 까다로운 손상에 맞게 잘라 쓰는 큼지막한 직사각형까지 찾을 수 있다. 내구성이 좋아 세탁기에 돌려도 된다.

찢어진 모직물 수선

아끼는 스웨터의 올이 풀렸거나 나방이 구멍을 냈다면 접착 분말로 수선 가능하니 버리지 말자. 분말을 조금 뿌려서 찢어지거나 뜯어진 부분, 구멍을 수선할 수 있다. 나방 때문에 캐시미어 카디건 몇 벌을 버리기 전에 이 분말을 알았다면 좋았을 텐데 아쉽다. 분말 사용법은 책과 유튜브에 많이 나오니 확인해 보자.

새롭게 꾸미기

카디건, 코트, 재킷의 디자인이 지겨워졌다면 플라스틱 단추를 나무, 유리, 천연 조개 단추로 바꿔보자. 소매, 옷깃, 밑단에 날염하거나 줄무늬 장식을 덧대면 평범한 티셔츠나 원피스도 달라 보인다. 상의나 재킷에 리본이나 장식용 술을 달면 보헤미안 느낌이 난다. 주머니, 모자, 라펠, 스니커스에는 수를 놓으면 예쁘다.

방수 처리

우비, 오리나 거위털 점퍼, 방수 재킷은 시간이 지나면 물이 스미기 시작한다. 새로 사기보다는 방수 처리 스프레이나 세제를 구매하자. 환경에 영향이 덜한 수성 제품을 찾는다. 가죽, 천, 스웨이드 구두에 쓸 수 있는 방수 처리 스프레이도 있다.

천연 염색

흰색이나 밝은색 면 티셔츠, 원피스, 셔츠, 스커트는 색깔만 바꿔도 새로운 느낌이 물씬 난다. 커피와 차는 갈색, 양파 껍질은 노란색, 쐐기풀은 녹색, 유칼립투스는 주황색, 아보카도는 아름다운 장밋빛을 띠는 분홍색을 낸다. 온라인이나 책에서 천연 염색법을 찾아보자.

캡슐 옷장 만들기

캡슐 옷장은 옷장에 이미 있는 것을 편집한 것이다. 소용없는 물품은 처분하고, 입었을 때 기분이 좋고 잘 맞아서 아끼는 것들을 간직한다.

캡슐 옷장을 마련하면 아침마다 입을 옷을 골라야 하는 스트레스에서 벗어나고, 절대 입지 않을 옷을 사느라 돈을 버리는 일이 없어져 잡동사니도 줄어든다. 자연을 위해 좀 더 주의 깊은 소비자가 되어보자.

정해진 옷만 입기를 실험해 보면 무엇을 입었을 때 내게 잘 어울리고 좀 더 자신감이 생기는지 알 수 있어, 진정한 내 스타일을 찾는 데 도움이 된다.

이미 옷장을 정리했다면(110~111쪽 참고) 간직하기로 한 물품을 보면서 다음 질문을 해본다.

- 나는 주로 어떤 색을 입나?
- 나는 어떤 형태나 재단을 가장 좋아하나?
- 어떤 소재가 내게 어울리나?
- 어떤 매장이나 브랜드가 나와 가장 잘 맞나?

이 질문에 답으로 선택한 옷들은 캡슐 옷장의 핵심 옷가지다. 목표는 서로 다른 옷 여러 벌처럼 보이도록 다양하게 조합해 입는 것이다.

계절이 바뀔 때면 철 지난 옷은 나방의 피해를 보지 않도록 보관하고 (112~113쪽 참고), 계절에 맞는 옷 몇 가지를 꺼내 다시 캡슐 옷장의 핵심을 구성한다.

옷장에 가장 아끼는 옷만 남기고 나면 무엇이 부족한지가 보일 것이다. 상의, 셔츠, 티셔츠는 많은데 스커트나 바지는 한두 벌밖에 없을 수 있다.

상의와 하의의 균형을 맞추면 옷을 더 유연하게 조합해 입을 수 있다. 살 것이 있다면 아까의 질문에 뭐라고 답했는지 다시 한번 떠올린다. 어떤 소재, 형태, 재단, 브랜드를 가장 좋아하고 잘 어울리는가? 시간을 들여서 계획적으로 옷을 구매해 부족한 부분을 보충하자.

주의 깊은 쇼핑

한때 나는 패스트 패션 상품을 엄청나게 사들이는 사람이었다. 옷장이나 서랍장에 다 들어가지 않을 정도로 산더미처럼 쌓인 걸 보고도 계속 더 보탰다. 그러면서도 입을 만한 게 없다고 생각했다. 이제는 좀 더 주의 깊게 선택해서 정말 필요한 것만 구매한다. 나는 최신 유행을 따르거나 유명인을 흉내 낸다고 해서 스타일이 만들어지는 것이 아님을 수년에 걸쳐 깨달았다. 나를 행복하고 기분 좋게 하면서 여러 번 입어도 질리지 않는 옷이 내 스타일을 만든다.

패스트 패션의 소비를 줄이기는 정말 어렵다. 많은 사람들이 때마다 나오는 옷을 고르며 시간을 보내고 기분 전환을 한다. 소비를 줄이는 데 도움이 될 다음 방법을 따라 해보자.

충동을 억제하려면

개인 소셜 미디어에 비공개 게시판을 만들어 구매할지도 모르는 품목을 모은다. 쇼핑 사이트의 장바구니에 충동적으로 담는 게 아니라 비공개 게시판에 담아야 한다. 며칠 기다렸다가 다시 게시물을 살펴보면서 여전히 구매하고 싶은지 확인하자. 처음처럼 강한 열망이 들지 않을 확률이 높다. 할인 제품도 곧바로 사지 말고 같은 방식을 적용한다. 나중에 사러 갔는데 품절이라면? 정말 좋은 기회를 놓친 걸까? 답은 대개 '아니다'이다. 개인적으로 지난 수년간 불필요한 것을 사지 않게 해준 가장 효과적인 방법이었으며, 요즘도 이 방식을 애용한다.

술김에 하는 쇼핑

음주와 온라인 쇼핑은 전혀 어울리지 않는다. 저지르기 쉬운 만큼 죄책감도 크다. 나는 와인 한두 잔을 홀짝이면서 온갖 바보 같은 물건을 사들였다. 다른 사람이 걸친 건 멋져 보이지만, 나는 한 번도 입거나 신지 않을 모자, 원피스, 통굽 신발 따위였다. 간단한 주문을 기억하자. '술 마시면 쇼핑 금지!'

점심시간에 하는 쇼핑

점심시간에 쇼핑 생각이 든다면 그 대신 점심을 들고 밖으로 나간다. 날이 좋다면 공원, 강가의 벤치, 나무 아래 그늘진 자리에 그저 앉아서 세상이 어떻게 흘러가는지 구경하자. 비가 내리거나 춥다면 상점보다는 박물관이나 미술관에 가자. 인스타그램에서 동네 명소를 검색하면 작은 화랑, 눈에 띄지 않는 정원, 새로운 카페 같은 숨은 보물이 있을 것이다. 예약 없이 참여할 수 있는 요가, 명상, 미술 교실이 있을지도 모른다.

계획적으로 사자

옷 쇼핑에 나서기 전에 몇 가지 현실을 살핀다.

- **시간을 어떻게 보내는지**: 아이들과 함께 집에 있는가? 일하는가? 개를 산책시키는가? 운동을 하거나 야외 활동이 많은가? 캡슐 옷장(116~117쪽 참고)에 이런 활동 범위를 반영해야 한다.
- **어떤 지역에 사는지**: 비가 많이 오는가? 습도가 문제인가? 폭설 및 폭풍이 잦은가? 기상 조건에 맞는 옷이 필요할 것이다.
- **전문가답게 보여야 한다면**: 미니 캡슐 옷장을 두 개 만든다. 하나는 집에서 입는 옷, 다른 하나는 일할 때 입는 옷이다. 어떤 옷은 양쪽 모두에 어울린다. 예를 들어 군더더기 없는 흰 셔츠는 청바지에 잘 어울리지만, 검은색 스커트와 입어도 근사하다.

덜 사되, 더 좋은 것으로

패스트 패션의 소비를 줄이고 양보다 질을 우선하는 건 멋진 태도다. 나는 사면서 기분 좋은 옷, 내 라이프스타일에 잘 맞고 옷장 안에 있는 다른 옷과 어울리는 옷을 심사숙고해 산다. 또한 누가 만드는지, 직원과 환경을 위해 건실한 윤리 정책을 실천하는 업체인지에 관심을 둔다.

오래가는 옷인지도 따져본다. 이런 옷들은 대개 조금 더 비싸지만, 가격만으로 구매를 꺼리지는 않는다. 핵심은 그 옷을 얼마나 자주 입을지를 신중히 판단하는 동시에 가격을 고려하는 것이다. 나는 패스트 패션 브랜드 청바지를 몇 벌, 좀 더 많은 돈을 주고 유기농 면으로 만든 청바지를 한 벌 샀다. 비싼 청바지는 3년 동안 일주일에 최소한 두 번씩 입었는데 여전히 멀쩡해 보인다. 저렴한 청바지는 한 해를 가지 못했다.

다음은 더 좋은 제품을 사면서 돈은 아끼는 방법이다.

핸드메이드 제품을 사자

핸드메이드는 어쩐지 비싸다는 생각이 든다. 한때는 나도 그랬다. 하지만 핸드메이드 리넨 상의와 바지를 몇 벌 사보니 중심가에서 파는 비슷한 옷에 비해 품질은 더 좋고 가격은 더 저렴했다. 옷을 만들어서 배송하는 동안 몇 주가 걸리니 입고 싶을 때를 대비해 미리 주문한다. 인스타그램에서 '핸드메이드 의류' 해시태그를 검색하거나 전문 판매점을 찾는다.

옷을 수선하자

제품이 망가지면 수선 서비스를 제공하는 브랜드가 있다. 배낭과 아웃도어 용품부터 부츠 제조업체에 이르기까지 추가 수선 서비스를 제공하는 회사들을 찾아 이용한다. 수명이 다한 제품을 수거해 새 제품을 만들 때 재활용하는 곳도 있다.

한 가지 제품에 특화된 제조업체를 찾자
청바지나 니트, 티셔츠 브랜드가 이에 해당한다. 이런 소규모 업체는 대체로 확고한 윤리 정책을 바탕으로 자재의 출처를 관리하며, 거의 모든 제조 과정이 사내에서 이루어지고 자신들의 생산 방식이 환경에 미치는 영향을 고려한다. 제품에서 환경에 얼마나 신경을 쓰는 업체인지 드러난다.

아동복
부모는 아이들이 얼마나 빨리 크는지 알기 때문에 얼마 입히지 못해도 아쉽지 않을 저렴한 옷을 산다. 하지만 질 좋은 기본 아이템 몇 가지를 사서 형제자매, 친구, 친척들에게 물려 주는 게 장기적으로 돈을 아끼는 방법이다. 무난한 티셔츠, 후드 티, 스웨터, 코트를 찾자.

식물성 천연섬유

천연섬유는 반복해서 키우고 수확할 수 있는 식물에서 뽑으므로 친환경적이다. 식물성 섬유로 만든 옷은 생분해되며 피부에도 덜 자극적이다. 제대로 관리하면 옷이 오래가고 보풀이 나지 않으며 형태를 잘 유지하니, 잘 샀다는 생각이 들 것이다.

새것을 살 때 다음과 같은 식물성 천연섬유로 된 옷을 찾자.

리넨

튼튼하고 내구성이 좋으며 입을수록 부드러워진다. 척박한 토양에서 자라고 면화보다 물을 훨씬 덜 쓰며 농약이 거의 필요하지 않은 아마로 만든다. 직물로 가공할 때 화학 약품을 쓰지 않고 생분해되며 재활용할 수도 있다. 추운 계절에 입으면 따뜻하고 더울 땐 시원하다. 유럽에서는 재배지와 생산지에 엄격한 환경 기준을 적용하니, 유럽산 리넨으로 만든 핸드메이드 원피스, 재킷, 상의를 인터넷으로 찾아보자. 나는 이제 리넨 의류 없이는 지낼 수 없을 것 같다.

삼

삼도 입을수록 부드러워지며 겨울에는 따뜻하게, 여름에는 시원하게 해준다. 면보다 내구성이 세 배 뛰어나고 곰팡이와 자외선에도 강하다. 삼은 빨리 자라고 물을 거의 쓰지 않으며 농약도 필요 없다. 이산화탄소는 나무보다 더 많이 흡수한다. 삼에는 버릴 게 하나도 없다. 씨앗으로는 기름을 짜고 줄기로는 섬유를 만든다. 종종 유기농 면과 섞어서 사용하며, 삼으로 만든 성인 및 어린이 의류를 다양하게 찾을 수 있다.

유기농 면

전통적인 면은 이제 지구상에서 농약

을 가장 많이 쓰는 농작물이다. 농약은 지표수, 지하수, 식수 오염의 원인이며 야생 동식물에게 되돌릴 수 없는 피해를 준다. 물을 훨씬 덜 사용하면서 농약을 쓰지 않고 생물학적 다양성을 높이는 유기농 면을 재배하면 많은 문제 해결에 보탬이 된다. 유기농 면은 섬유가 손상되지 않고 전통적인 면의 재배 및 생산 과정에서 쓰는 화학 약품의 영향이 없어 피부에 덜 자극적이다. 유기농 면 데님, 티셔츠, 운동화, 바지, 원피스, 속옷 등이 있다.

유기농 섬유 인증

국제유기농섬유기준GOTS: Global Organic Textile Standard은 유기농 식물을 사용하면서 물과 에너지를 덜 쓰고 온실가스 배출량을 줄이며 직원들을 공정하게 대우하는 제조업체를 인증한다. 제조 공정이 생태적으로나 사회적으로 책임감 있다는 의미이기도 하니 인증받은 직물을 사용하는 브랜드를 알아보자.

빈티지와 중고 의류

빈티지와 중고 의류 쇼핑도 자연을 생각하며 옷을 사는 좋은 방법이다.

버려졌을 옷을 재활용하는 동시에 의류 매장까지 옷을 배송하는 데 드는 자원을 절약하는 데도 일조할 수 있다. 빈티지 의류는 독특하고 저렴하며 사회적 역사의 한 단면을 보여주기도 한다.

빈티지 의류를 사본 적이 없다면 어떻게 시작할지 다소 염려스럽겠지만, 액세서리부터 고르면서 부담을 줄여보자. 모자, 가방, 스카프 등이 시작하기에 좋다. 나는 빈티지로 훌륭한 타탄 스카프와 바스켓백을 장만했다. 누구도 같은 아이템을 갖고 있지 않으며 가격 또한 매우 저렴했다.

품질 좋은 모직 니트 제품을 취급하는 빈티지 매장이나 행사장에서 스웨터나 카디건을 사는 것도 좋아한다. 대개 손으로 짠 것이며 내가 생각하는 가격 범위 안에 든다. 입을수록 부드러워지는 데님도 사기에 괜찮은 물품이다. 새로운 청바지 한 벌을 만드는 데 일만 리터 이상의 물이 든다는 점을 생각하면 빈티지 청바지는 그야말로 친환경 선택지라 할 수 있다. 모직 코트도 좋은 선택이다.

빈티지 매장

매장 주인과 알고 지내면 원하는 아이템을 찾는 데 도움을 주거나 잘 맞는 옷을 조언해 주기도 한다. 내가 찾는 특정 제품을 구해줄지도 모른다. 나는 다른 도시를 방문했을 때도 빈티지 매장을 즐겨 찾는다.

중고 매장

동네 중고 매장에 들러 무엇이 있는지 살펴보는 것도 괜찮지만, 고급 주거지의 중고 매장에 가면 품질이 더 괜찮은 의류를 찾을 확률이 높아진다.

온라인 빈티지 매장
온라인 빈티지 의류 매장을 둘러볼 거라면 미리 계획하는 편이 좋다. 아이템이 너무 많아서 찾는 물건을 놓칠 수 있으니 사려는 물품 목록을 만들자. 신체 치수 목록도 준비해 둔다. 그래야 어떤 아이템이 내게 잘 맞을지 알 수 있다. 옷이 지나치게 붙지 않도록 가슴, 허리, 엉덩이 치수를 여유 있게 재자. 많은 빈티지 의류가 당시 유행에 맞춰 재단되고 제작되었다는 점도 고려해야 한다.

킬로그램 세일
집에서 가장 가까운 곳에서 진행하는 행사를 찾아보자. 아이템을 고르고 무게를 잰 다음, 미리 정해진 킬로그램당 가격대로 계산하면 된다. 1kg은 대략 옷 한 벌 정도로, 청바지에 스웨터 또는 원피스 하나, 가방에 신발 한 켤레 정도다. 좌판 상인들이 온종일 재고를 다시 채우므로 가능하다면 여러 번 들러본다.

옷 교환 모임
더 이상 입지 않지만 깨끗하고 상태가 좋은 옷을 정해진 숫자만큼 가져가서 그만큼 다른 사람들이 가져온 물품과 바꾼다. 동네에서 진행되는 모임에 참여하거나 친구 또는 동료들과 함께 모임을 열자.

5.
자연을 닮은 아름다움

"아름다움은 영혼을 일깨운다."

_단테 알리기에리 Dante Alighieri

자연적으로 아름답게

그동안 내용물에 대해선 별생각 없이 장바구니에 샤워젤, 샴푸, 보디로션을 담은 적이 얼마나 많은가? 나도 성분 목록에는 눈길 한 번 주지 않고 온갖 제품을 사서 썼다. 이제부터는 피부에 직접 닿는 제품에 관심을 더 기울이거나 구매하는 제품의 개수를 조절해 긍정적인 변화를 끌어내 보자.

아름다움은 매우 개인적인 문제라서, 어떤 이에게는 감정적으로나 신체적으로, 혹은 양쪽 모두 어려움을 주는 일일 수도 있다. 피부 상태와 알레르기부터 여드름에 이르기까지 많은 사람이 웰빙과 환경 보호 사이에서 올바른 균형을 찾으려고 고군분투한다. 잘 맞는 제품을 찾았는데 환경 보호 지수가 아주 높지는 않다고 해서 억지로 바꾼다거나 하지는 말자. 대신 다른 면에서 변화를 꾀하면 된다. 대나무 머리빗을 사거나 일회용 코튼 볼 화장 솜을 재사용 가능한 화장 솜으로 바꾸는 식이다. 내게 맞는 제품을 쓰면서도 꾸준히 환경 문제를 생각해야 한다는 점을 기억하는 것이 중요하다.

보디케어

물 사용에 주의를 기울이는 것이 핵심이다. 목욕 대신에 짧게 샤워를 하면 물이 많이 절약된다. 따뜻한 물이 나올 때까지 시간이 좀 걸리는 집이라면 양동이를 준비해 찬물을 받아 세탁에 쓰거나 화분에 주자. 아이가 없다면 욕조 목욕을 줄이고, 가족 구성원이 사용하는 전체 물의 양을 세심히 조절한다.

보디케어 습관에 간단히 변화를 줄 수 있는 몇 가지 방법을 소개한다.

샤워할 때

플라스틱 용기에 담긴 샤워젤은 오래가는 천연 고체 비누로 바꾸자. 나는 캐스틸 비누(54~55쪽 참고)를 최고로 꼽는데, 보습에도 탁월하고 머리부터 발끝까지 다 쓸 수 있어 좋다. 에센셜 오일로 향을 내고 포장하지 않은 채로 판매하는 비누를 찾자.

비누망

대나무로 만든 비누망에 비누를 넣어 스크럽처럼 사용한다. 어떤 비누 조각이든 넣을 수 있어 비누를 끝까지 쓸 수 있다. 샤워기나 욕실 고리에 걸어서 말린다.

욕조 목욕할 때

쓰레기가 나오지 않는 천연 거품 입욕제를 사거나 만든다. 모슬린 주머니에 귀리 한 줌, 말린 라벤더꽃 또는 장미꽃잎을 조금 넣고 흐르는 물 쪽에 묶어두자. 어린이용은 파라벤, 황산염, 프탈레이트, 합성염료, 향료가 들어있지 않아야 한다.

면도기

안전면도기를 써보자. 초기 비용이 더 들고 면도날을 별도로 사야 하지만, 장기적으로 돈이 절약된다. 면도기 헤드가 움직이지 않고 좀 더 무거워서 바

싹 면도하려면 연습이 필요하다. 하지만 모든 면도날에 잘 맞기 때문에 선호하는 브랜드의 날을 쓰면 되고, 제대로 관리하면 손잡이는 평생 쓸 수 있다. 전문 이발사나 면도용품점을 방문하면 고르는 데 도움을 받을 수 있을 것이다.

면도날 관리기

미세한 잔여물을 닦아내고 일회용 면도기(남성용과 여성용 모두)를 포함한 모든 면도날을 갈아준다. 관리기를 사용하면 면도날을 여섯 배까지 더 오래 쓸 수 있어, 버리는 일회용품의 숫자도 줄어든다.

면도 크림/비누

튜브나 금속 용기에 든 면도용 젤을 천연 면도 크림이나 비누로 바꾼다. 크림은 면도용 브러시에 바로 바를 수 있는 반면, 단단한 비누는 온수를 약간 섞어 거품을 내서 쓴다. 면도 후에는 피부 진정 효과가 있는 코코넛오일, 스위트아몬드오일, 비타민 E로 만든

천연 보호제를 바르자.

왁싱

친환경 제모는 천연 설탕 왁스로 하자. 설탕, 에센셜 오일, 식물성 글리세린으로 만든 설탕 왁스는 저자극성이며 비건이다. 유기농 원료로 만들어 유리병에 담은 것, 재사용 가능한 스패출러와 물로 씻을 수 있는 종이 스트립이 같이 든 제품을 찾자. 인터넷으로 제조법을 검색해 집에서 설탕 왁스를 직접 만들 수도 있다.

수염 관리 오일

수분과 영양분을 공급하는 올리브, 아르간, 스위트아몬드 성분이나 비타민 E가 함유된 것을 찾자. 인공 향료가 아닌, 에센셜 오일로 향을 낸 소포장 오일을 산다.

스크럽

좋은 향이 나는 스크럽을 직접 만들어 쓴다는 생각만으로도 기분 전환이 된다. 각질 제거용 스크럽은 만들기도 간단하다. 나는 레몬과 라벤더오일을 쓰는데, 각자 좋아하는 에센셜 오일을 쓰자. 오일은 5~10방울 정도 쓸 것을 권하지만, 진한 향을 원한다면 몇 방울 더 넣어도 괜찮다.

이어서 소개할 내 레시피에는 레몬 한 개 분량의 껍질과 말린 라벤더꽃 몇 송이가 들어가는데, 오로지 장식을 위한 것이므로 없어도 괜찮다.

이 스크럽은 간소하게 포장해 특별한 때나 감사할 일이 있을 때 선물하기 적당하다. 잼 병을 재활용해 스크럽을 담아 밀봉하고 뚜껑 위에 작은 라벤더 가지를 올린다. 성분을 적은 종이 라벨로 장식하자.

레몬과 라벤더를 더한 바닷소금 스크럽 만들기

▌작은 1병 분량 만들기

준비물:

- 굵은 바닷소금 125g(1/2컵)
- 스위트아몬드오일 80㎖(5와 1/2큰술)
- 라벤더 에센셜 오일 5~10방울
- 레몬 에센셜 오일 5~10방울
- 왁스로 코팅하지 않은 레몬 한 개 분량의 껍질(생략 가능)
- 말린 라벤더꽃 몇 송이(생략 가능)
- 뚜껑이 있는 깨끗한 병 1개

1. 바닷소금과 스위트아몬드오일을 그릇에 넣고 섞는다.
2. 1에 에센셜 오일을 더하고 섞는다. 레몬 껍질과 말린 라벤더꽃이 있다면 넣어주고, 깨끗한 병에 옮겨 담아 밀봉한다.

▌사용법

전신의 피부를 적신 다음 손가락으로 스크럽을 살짝 뜬다. 원을 그리듯 피부를 살살 문질러 죽은 피부 세포를 제거한다. 물로 씻어내고 수건으로 톡톡 두드려 닦는다. 주기적으로 각질을 제거하면 피부가 한층 부드럽고 매끈해진다. 나는 일주일에 한 번 바닷소금 스크럽을 사용한다. 만들고 한 달 이내에 다 쓰자.

천연 스킨케어

스킨케어 습관을 살짝만 바꿔도 환경에 크게 이롭다. 쓰레기가 눈에 띄게 줄고 재사용할 수 없는 물품도 덜 쓰게 된다. 게다가 해로운 화학물질이 상수도에 섞일 위험도 없다. 다음 방법을 시도해 보자.

화장 솜

일회용 화장 솜 대신 면이나 삼 소재의 재사용 가능한 화장 솜으로 메이크업을 지우자. 세탁기에서 냉수로 세탁하거나 액체 캐스틸 비누(54~55쪽 참고)로 손빨래해도 된다. 세탁기에 넣는다면 다른 빨래 더미에 섞이지 않도록 물세탁이 가능한 별도 주머니에 넣자. 생분해되므로 수명이 다하면 퇴비 더미에 넣는다.

곤약 스펀지

곤약의 알줄기에서 얻는 미네랄이 풍부한 천연섬유다. 친환경적이며 비건이고, 무독성으로 피부에 자극이 없다. 스펀지가 부풀 때까지 온수에 담갔다가 단독으로, 혹은 세안제와 함께 쓴다. 사용 후에는 찬물로 헹구고 살살 짜서 자연 건조한다. 천연 스펀지나 미네랄 파우더를 추가한 스펀지가 있는데, 대나무 숯은 여드름 피부에, 녹색 진흙은 지성 피부에 좋다. 곤약 스펀지는 습진, 건선, 주사❖ 같은 피부 질환에 효과적이다. 2주에 한 번씩 끓는 물로 소독하면 4~6주 정도 쓴다. 생분해되며 퇴비로 만들 수 있다.

클렌징 티슈

시판 클렌징 티슈에는 플라스틱이 들어있으니 피하고, 생분해되면서 퇴비

❖ 만성 충혈성 질환

로 만들 수 있는 유기농 면 클렌징 티슈를 쓴다. 캠핑 때나 깨끗한 물을 찾기 어려운 곳에서 유용하지만, 매일 사용하지는 말자. 절대 변기에 버리면 안 된다.

뷰티밤

최고의 다기능 제품. 따뜻하게 데운 모슬린이나 대나무 직물과 함께 세안제로 써보자. 보습제, 핸드크림, 립밤, 페이셜 마스크, 풋크림, 일광 화상 통증 완화제, 흉터 치료제, 벌레 물림 연고로도 쓸 수 있다. 천연 성분으로 만들고 재활용되는 유리병에 담은 제품을 찾자. 비건이라면 밀랍이 들어있지 않은지 확인한다.

페이셜 오일

세안 후 쓰기 좋은 페이셜 오일은 로즈힙 씨앗이나 아르간오일과 같은 식물성 추출물로 만든다. 피부에 수분을 공급하고 윤기를 더하는데, 특히 도시에 거주하는 사람에게 유용하다. 공해를 막아주는 보호막을 만들기 때문이다. 밤사이에 사용하는 것이 가장 좋다. 재활용할 수 있는 유리병에 든 제품을 사자.

립밤

시판 제품에는 대개 석유 부산물인 바셀린을 비롯하여 합성 향료, 파라벤, 미네랄 오일이 들어있다. 밀랍, 시어버터, 코코넛오일로 만들며 쉽게 재활용되는 금속 용기에 든 제품을 찾자. 비건이라면 밀랍뿐 아니라 '라놀린'도 피해야 한다. 라놀린은 양모에서 추출하는 성분으로, 립밤에 흔히 쓰이니 꼼꼼하게 확인하자.

눈 관리

피곤한 눈을 풀어주고 다크서클을 없애는 천연 요법이 있다. 차가운 카모마일 차에 재사용 가능한 화장 솜을 푹 적셨다 짜서 눈가에 올리고 10분간 있는다.

화장품

천연 화장품 산업은 급격한 성장세다. 식물성 원료를 사용하고 플라스틱 포장재를 덜 쓰는 제품을 찾는 사람들이 많아지고 있기 때문이다. 친환경 화장품의 선택지가 다양해진 만큼, 구매할 때 브랜드의 친환경 지수가 정확하고 거짓이 없는지 따져봐야 한다. 좋은 회사들은 홈페이지에 회사의 출발점, 목표, 사용하는 원료를 자세히 밝히며 소비자의 질문에 기꺼이 답한다. 특정 제품의 샘플을 챙겨주거나 집으로 보내 구매 전에 써볼 기회를 주는 곳도 있다.

쓰던 제품이 아직 남아있다면 친환경 대체품으로 바꾸기 전에 일단 남김없이 쓰고 재활용하자. 일반적으로 유리병, 플라스틱, 에어로졸은 분리수거가 된다. 공병을 가져가면 할인해 주거나 무료 제품을 주는 재활용 프로그램을 운영하는 브랜드들이 있으니 알아본다.

한 번에 하나씩 제품을 바꾸면 피부에 무리를 주지 않으면서 완만하게 적응할 수 있고, 주머니 사정도 덜 부담스럽다. 피부 유형이나 피부색이 비슷한 천연 화장품 블로거들이 올린 리뷰를 참고하면 기존 브랜드나 새로운 브랜드를 파악하는 데 도움이 된다. 동물실험을 거치지 않으며 동물성 원료도 사용하지 않는 제품에는 '비건에 적합' 표시가 있으니 이런 제품을 찾자.

얼굴과 눈

합성염료는 피하고 유기농 식물성 원료로 만든 제품을 쓴다. 과일이나 채소의 색소를 이용한 색조 제품을 찾자. 파운데이션, 블러셔, 마스카라, 아이섀도, 아이펜슬의 리필제품을 내놓는 천연 화장품 회사들도 있다. 버려지는 포장재가 줄고 돈도 절약된다.

립스틱

환경에 해롭고 동물 실험을 거친 합성 화학물질이 든 제품이 많다. 천연 밀랍이 원료인 립스틱을 쓰자. 비건이라면 칸델릴라❖ 왁스와 코코넛오일로 만든 제품을 찾아본다.

메이크업 클렌징 패드

일회용 클렌징 티슈나 화장 솜은 재사용할 수 있는 유기농 면 패드로 교체한다. 패드를 적셔서 메이크업을 지우고 찬물로 헹궈 말린다. 패드 한 장을 여러 번 헹궈 쓴 후에 제대로 세척하고 싶다면 세탁기에 빨면 된다.

매니큐어

미용 산업에서 환경에 가장 악영향을 미치는 것이 해로운 화학물질로 가득한 매니큐어다. 이제는 브랜드들이 잘못을 바로잡기 시작해 원료에서 포름알데히드, 디뷰틸 프탈레이트, 트리페닐 포스페이트, 파라벤, 캠퍼 같은 해로운 물질을 뺀다. 라벨을 살펴 원료에서 제외된 독성 물질의 숫자가 명시되었는지 확인하자. 흔히 '3개 제외~10개 제외' 척도로 표시하는데, 숫자가 클수록 친환경적이다.

매니큐어 리무버

아세톤이 들어있지 않으며 독성이 없고 생분해되는 콩 리무버로 바꾼다. 임산부, 수유 중인 여성, 어린이에게도 안전한 무향 제품을 찾자.

❖ 북부 멕시코와 미국 남서부에서 자라는 나무 -편집자

천연 헤어케어

우리 머리카락은 시판 제품에 포함된 화학물질에 중독되어 있어, 천연 제품으로 바꾸면 모발에 금단 증상이 나타날 것이다. 천연 제품으로 바꾸는 일은 해독 치료를 받는 것과 비슷해 처음에는 마뜩잖을 수 있다. 하지만 꾸준히 사용하면 장기적으로 두피와 환경에 모두 이롭다.

천연 샴푸

파라벤, 프탈레이트, 황산염이 들어 있지 않고, 천연 성분과 진짜 식물, 허브, 과일로 만든 향료를 쓰는 제품을 고르자. 잘 맞는 제품을 찾을 때까지 몇 가지를 시험해 봐야 할 수도 있다. 최상의 결과를 위해서는 샴푸로 감고 헹구기를 두 번 반복한다. 처음 며칠은 두피가 가렵고 모발이 묵직하며 평소보다 기름기가 많다고 느끼겠지만, 지나고 나면 머리카락과 두피가 적응해 더 빛나고 건강해진다.

샴푸바

포장하지 않은 샴푸바라면 제로웨이스트를 실천하기에 이보다 좋은 선택지가 없다. 거품이 잘 나는 황산염이 든 샴푸바가 있고, 천연 오일로만 만들어 에센셜 오일로 향을 낸 샴푸바도 있다. 잘 맞는 제품을 찾으려면 몇 가지 제품을 써봐야 하며, 천연 샴푸와 마찬가지로 두피가 적응하는 데 시간이 걸린다.

사과식초 린스

이 린스는 머리에 쌓인 모발 관리 제품의 찌꺼기를 없애고 윤기를 더하며 머리가 덜 엉키게 해준다. 항균성과 항진균성이 있다. 완제품 린스를 사거나 허브와 에센셜 오일로 직접 만드는 법을 온라인에서 찾아보자.

'노 샴푸' 요법

일반 샴푸로 머리를 자주 감으면 머리

카락의 자연적인 유분기를 씻어내 지나치게 건조해지거나 기름기가 낀다. 이 문제를 해결하려고 다른 여러 제품에 손을 뻗게 된다. '노 샴푸' 요법은 머리카락의 자연스러운 균형 상태를 되찾아 준다. 물로만 머리를 감거나, 물 한 잔에 베이킹소다 1큰술을 녹여서 두피에 문지르고 헹군다. 노 샴푸 요법을 하면 적응 기간에 악취가 날 수 있지만, 2~3주가 지나면 냄새는 사라지고 빛나고 깨끗한 머릿결이 남는다.

아로 만든다. 염색제에는 석유에서 추출한 PPD와 PTD도 들어있다. 주기적으로 미용실에서 머리를 염색한다면 천연 염색제를 사용하는 친환경 미용실을 찾아보자. 아니면 천연 염색제를 사서 집에서 염색해도 된다. 가루 형태가 대부분이지만 '헤나 바'도 있다. 따뜻한 물과 섞어 반죽한 다음 머리에 바르자. 회색은 얼룩덜룩하게 염색될 수 있으니 주의한다.

염색제

일반적인 모발 염색제는 호흡기 질환, 피부와 눈에 자극을 일으키는 암모니

데오도란트

우리는 모두 땀을 흘린다. 누군가에게는 땀이 당혹감을 안기는 주원인일 수 있다. 나도 한때 이 문제로 고생했기 때문에 강력한 땀 억제제를 사서 조절하려고 했다.

땀이 나는 것은 체온을 낮추려는 자연스러운 신체 작용이며, 스트레스를 받거나 긴장하거나 운동하면 땀을 더 많이 흘린다. 땀이 피부에 사는 박테리아와 만나면 악취가 난다. 그 때문에 우리는 불쾌한 냄새를 없애고 겨드랑이가 젖지 않게 해준다고 약속하는 땀 억제제나 데오도란트에 무심코 손을 뻗는다. 이런 제품들은 일시적으로 모공을 막아서 땀을 방지하는데, 일반적으로 알루미늄, 프탈레이트, 프로필렌글리콜, 파라벤과 같은 해로운 원료를 포함한다. 스프레이 제품은 실내 공기오염에 큰 영향을 미치며, 잠재적으로 유해한 VOCs(19쪽 참고)도 방출한다.

당연히 해로운 화학물질을 사용하지 않으며 공기 중으로 VOCs도 방출하지

않는 천연 데오도란트로 바꾸는 게 정답이다. 하지만 만족스러운 제품을 찾기가 만만치 않아 잘 맞는 제품을 만날 때까지 몇 번의 도전이 필요하다. 나도 마음에 드는 제품을 찾기까지 몇 제품을 거쳤다. 포기하지 말고 열심히 시험해 보자. 천연 데오도란트는 깨끗하고 건조한 겨드랑이에 바르고 옷을 입기 전에 완전히 말리는 것이 중요하다.

시중에서 스틱형, 스프레이형, 크림형 천연 데오도란트를 구할 수 있다. 스틱형은 항상 플라스틱으로 포장하므로 나는 재활용할 수 있는 유리병에 든 스프레이나 크림을 선호한다. 본품을 구매하기 전에 샘플을 사서 써보면 좋다.

겨드랑이 해독

천연 데오도란트를 사용하기 전에 원래 쓰던 제품을 끊고 몸이 적응할 시간을 주자. 주말을 이용한 해독이 가장 이상적이다. 금요일 아침에 평소에 쓰던 제품을 사용한다. 그리고 토요일과 일요일에는 아무것도 쓰지 않고 월요일 아침에 새로운 천연 데오도란트를 바른다. 해독하는 동안 냄새가 날 수 있다. 물을 충분히 마시고 샤워하면서 바닷소금 스크럽(133쪽 참고)으로 겨드랑이의 각질을 제거하자.

데오도란트 크림

대개 주원료로 코코넛오일, 시어버터, 에센셜 오일, 베이킹소다를 쓴다. 피부가 아주 예민하다면 베이킹소다에 알레르기 반응이 나타날 수 있으니 베이킹소다를 쓰지 않는 브랜드를 찾자. 사용할 때는 손가락 끝에 조금 찍어서 겨드랑이에 살살 펴 바른다.

데오도란트 스프레이

주성분은 보통 알코올이며 에센셜 오일로 향을 낸다. 처음 사용할 때 따끔한 느낌이 들기도 하는데, 면도한 후에 특히 그렇다. 비건에게 적합하지 않은 동물성 기름을 사용하는 브랜드도 있다는 점을 알아두자.

치아 관리

나는 예민한 치아로 고생하기 때문에 민감성 치아 관리에 도움이 되는 치약을 써야 한다. 안타깝게도 플라스틱 튜브에 든 마트의 저렴한 자체 브랜드 치약이 나에게 가장 잘 맞는다. 환경에 이상적이지는 않지만, 다른 친환경 치아 관리 용품을 사용함으로써 아쉬움을 상쇄하려고 한다.

칫솔

해마다 무수한 플라스틱 칫솔과 포장재가 쓰레기장으로 가는데, 생분해되지 않아 말 그대로 수백 년 동안 그 자리를 지킨다. 나일론 칫솔모만 제거하면 생분해되고 퇴비로도 만들 수 있는 대나무 손잡이가 달린 칫솔로 바꾸자. 대나무는 튼튼하면서도 유연하며 항균 효과가 있다. 단, 물에 담가두면 검게 변하니 건조한 상태로 보관해야 한다. 사용한 다음 수건으로 재빨리 닦아 물기 없는 깨끗한 컵에 보관하자.

처음 몇 번은 입에 나무껍질을 넣는 것 같지만, 그런 느낌은 곧 사라진다. 어린이용을 포함하여 크기가 다양하게 나와 있다.

천연 치약

불소는 현재 충치 예방 효과를 두고 거센 논쟁의 한복판에 있어, 천연 치약 브랜드 다수가 이를 성분에서 배제하고 있다. 전통적인 브랜드들은 치약과 구강 청정제에 항균 화합물인 트리클로산도 사용하는데, 장기적으로 건강 문제와 연관될 수 있다. 천연 치약으로 바꿀 계획이라면 먼저 치과 의사와 상담하기를 권한다. 천연 제품은 대체로 베이킹소다로 치아를 닦고 희게 하며 치석산을 중화한다. 페퍼민트, 티트리, 스피어민트 같은 에센셜 오일로 향을 내고, 어린이 치약은 과일 맛이 나기도 한다. 인터넷에서 만드는 방법을 찾아 직접 만들 수도 있다.

치실

치실은 흔히 석유에서 뽑아낸 나일론으로 만들어 일회용 용기에 포장하므로 치실과 포장재 모두 매립지로 갈 수밖에 없다. 명주실로 만들어 밀랍으로 코팅한 친환경 치실은 생분해되며 퇴비로 만들 수 있다. 비건용으로는 나일론으로 만들어 식물성 왁스로 코팅한 대체품도 있다. 퇴비로 만들 수 있는 포장재를 사용하거나 리필 가능한 유리 용기에 치실을 담는 브랜드를 찾아보자.

일회용 치실도 완전히 생분해되며 퇴비로 만들 수 있는 제품으로 구매하고, 아니면 재사용할 수 있는 제품과 실패에 감긴 리필용 치실을 살 수도 있다.

구강 청결제

트리클로산과 합성염료가 든, 병에 담긴 전형적인 구강 청결제 대신 알약 형태의 천연 제품을 쓰자. 입에 알약을 넣고 거품이 일도록 물을 조금 머금은 다음 가글하고 뱉는다. 입에서 거품이 나는 느낌이 싫다면 작은 물컵에 알약을 녹여서 쓰면 된다. 재활용할 수 있는 유리병에 든 제품을 찾자.

개인 위생용품

여성 한 명이 평균적으로 쓰고 버리는 탐폰이나 생리대는 평생 만 천 개가 넘는다. 면 생리대나 탐폰은 일반적으로 6개월 이내에 생분해되지만, 비닐 포장재, 개별 포장, 어플리케이터는 시간이 오래 걸린다. 요즘은 지구에 이로운 대체재를 쓰기가 한층 쉬워져 훌륭한 선택지가 많다.

생리컵

10년 동안 사용할 수 있고 탐폰이나 생리대를 쓸 필요가 없기 때문에 가장 친환경적인 선택이다. 일단 컵을 삽입하면 최대 12시간까지 제자리에 있지만, 4~8시간마다 교체하는 편이 좋다. 의료용 등급 실리콘으로 만들며, 생리량에 따라 크기를 선택한다. 사용할 때는 접어서 삽입하고, 제거하면 비워서 헹구거나 씻어낸 다음에 다시 삽입하면 된다. 다음 생리 전에 뜨거운 물에 끓이거나, 소독제 또는 소독 알약을 써서 살균하자.

생리 팬티

일반 속옷과 비슷한 모양의 생리 팬티는 흡수력이 매우 뛰어나고 항균성, 샘 방지 기능이 있다. 생리 초기 2~3일은 평소에 쓰던 제품을 사용하고 생리량이 많지 않을 때 생리 팬티를 입는 식으로 흔히 활용한다. 매일 입는 사람도 있다. 속지를 분리해 교체할 수 있는 제품, 생리통을 완화해 주는 발열 패드를 담고 있는 주머니가 달린 제품 등 여러 종류가 나와 있다. 디자인도 다양해 티팬티, 사각팬티, 비키니 팬티 등을 고를 수 있으며 유기농 면을 사용하는 브랜드도 있다. 생리량이 많을 때나 산후 분비물을 처리해야 할 때, 요실금이 있을 때도 유용하다. 찬물로 헹군 다음 망사 주머니에 담아 친환경 가루 세제로 세탁기에 돌린다.

재사용 가능한 생리대

유기농 면이나 대나무로 만드는 재사용 가능 생리대는 생리량에 따라 크기가 다양하며, 밤 동안 쓰기 좋게 보호막이 추가된 것도 있다. 사용한 후에는 찬물에 헹궈 세탁망에 넣자. 세탁망을 채워 세탁기에 돌린다.

유기농 면 탐폰

전형적인 탐폰은 레이온과 면을 섞어서 만들고 염소로 표백해 비닐 포장한다. 대부분 플라스틱 어플리케이터도 딸려 있다. 괜찮은 대안은 유기농 면 탐폰이다. 살충제, 염료, 염소, 레이온이 들어있지 않고 자극이 적으며 생분해된다.

재사용 가능한 탐폰 어플리케이터

어플리케이터가 있는 탐폰을 선호하지만 쓰레기가 염려될 때 안성맞춤이다. 재사용되는 어플리케이터는 모든 크기의 탐폰에 맞으며 항균 기능이 있고 삽입하기도 쉽다. 사용 후에는 재빨리 씻어서 헹군 다음, 핸드백에 쏙 들어가는 작은 보관함에 넣으면 된다. 다음 생리 전에 뜨거운 물로 소독하자.

임신 테스트기

시판 테스트기는 플라스틱이며 비닐로 포장한다. 결국엔 쓰레기장 신세다. 이제 종이로 만든 친환경 대체재가 등장했다. 사용 후 변기에 버리거나 퇴비로 만든다.

6.
자연을 품은 크리스마스

'어쩌면 말이야 크리스마스는, 상점에서
오는 게 아닐 거야.'
그는 생각했어요.
'크리스마스는 말이지, 아마 더 많은 걸
의미하지 않을까?'

_닥터 수스Dr. Seuss,《그린치는 어떻게 크리스마스를 훔쳤는가!》

소박한 크리스마스

좀 더 친환경적인 크리스마스를 계획해 보자. 아이디어는 무궁무진하다. 각종 장식용품을 덜 사고, 재생지로 된 크리스마스카드를 고르거나, 온라인 카드를 보낼 수도 있다. 포장지와 테이프를 덜 쓰고, 직장에서는 요란한 비밀 산타 행사 대신 자선 단체에 기부를 생각해 보면 좋겠다.

소박하게, 환경을 생각한 연말연시를 보낸다고 해서 크리스마스의 즐거움이 사라지지는 않는다. 오히려 끝나지 않을 것만 같은 쇼핑의 압박이 사라지고 가진 것에 감사하는 법을 배우며, 내 가족과 환경에 이로운 집에서 번잡스럽지 않고 아늑하게 쉴 수 있어 훨씬 더 기분 좋은 추억이 된다.

크리스마스트리

12월, 크리스마스 시즌의 시작을 알리는 크리스마스트리. 트리를 들이는 건 언제나 축하할 일이다.

우리는 12월 첫 번째 토요일에 트리를 집에 들이고 하얀 꼬마전구, 간직해 둔 장식용 방울 몇 개, 말린 감귤 조각(152쪽 참고)으로 만든 화환으로 소박하게 장식한다. 트리 꼭대기에는 집에서 종이 별을 만들어 올린다. 나는 진짜 나무가 뿜는 향기가 가장 마음에 든다. 감귤과 소나무의 진한 향이 집 안에 향긋하게 맴돈다.

어떤 종류의 나무가 자연에 가장 이로운 선택인지는 어떻게 결정할까? 플라스틱 모조 트리를 샀다면 오래가기는 한다. 하지만 추레해 보일 때쯤 다른 모조 트리에 자리를 내주고 결국 쓰레기가 되는데, 분해에 수백 년이 걸린다. 베어낸 진짜 나무는 고작 몇 주 사용한 뒤에 정원 쓰레기와 함께 버려져서 재활용된다.

다음은 가장 윤리적이면서 지속가능성이 높은 선택지들이다.

인근 농장에서 자른 나무
철물점이나 마트, 원예용품점에서 들여온 나무 말고 직접 키우는 동네 농장에서 나무를 산다. 수년간 기른 나무 한 그루를 벨 때마다 그 자리에 더 많은 나무를 심는데, 나무를 어떻게 키우고 돌보며 베는지 물어보자. 많은 농장이 손님을 들판으로 데려가 나무를 직접 고르게 한 다음 눈앞에서 벌채한다. 지역 사업체를 이용하면 공동체에 이익이 되고 운송비도 줄어든다.

화분에 심은 나무
화분에서 키운 나무 또는 땅에서 화분으로 옮긴 다음 퇴비를 채운 나무가 여기 해당한다. 연말연시에는 실내에 두었다가 다음 해가 될 때까지 정원에 옮겨 심는다. 화분은 2~3년에 한 번씩 더 큰 걸로 바꿔준다. 건조한 시기에 물을 잘 주며 관리하면 다음 크리스마스 때 다시 집 안에 들일 수 있다.

재활용 판지/나무 크리스마스트리

환경을 고려한 최고의 선택지다. 시중에 파는 판지나 나무 크리스마스트리를 살 수도 있지만, 재활용 재료로 직접 만드는 것도 비교적 간단하다. 온라인에서 현대적인 디자인, 과감한 기하학적 형태나 간결한 모양 등 취향에 따라 트리 만드는 방법을 찾아보자.

크리스마스트리 관리법

베어내고 좀 지난 듯한 나무라면 꽃다발처럼 관리하자. 둥치에 톱질을 약간 해서 나무가 물을 흡수하게 해준다(갓 자른 나무는 톱질이 필요 없다). 나무둥치의 아랫부분을 담가놓은 물에 호기심 많은 개와 고양이가 접근하지 못하도록 조심하자. 떨어진 뾰족한 잎은 쓸어서 퇴비 더미에 버린다.

크리스마스 장식

나는 단순하고 자연스러운 크리스마스 장식을 좋아한다. 크리스마스를 맞이할 무렵 내가 가장 좋아하는 일은 산책하러 나가서 잔가지, 솔방울, 상록수 가지, 열매를 모아 오는 것이다. 거기에 촛불과 빛나는 꼬마전구 몇 개를 더하면 아늑한 크리스마스 분위기가 난다.

리스

재사용할 수 있는 놋쇠나 구리 고리를 테두리 삼아 소박한 리스를 직접 만들자. 상록수 가지, 크리스마스트리에서 다듬은 가지, 올리브 가지, 열매, 월계수 잎, 솔방울, 유칼립투스를 꽂는다.

말린 감귤류 화환

오렌지를 1cm 폭으로 썰고 나중에 실로 꿸 수 있도록 조각 윗부분에 작은 구멍을 뚫는다. 오븐을 가장 낮은 온도로 설정하고, 오븐팬에 유산지를 깐 다음 오렌지 조각을 올려 4시간 동안 굽는다. 식으면 황마를 꼬아서 만든 실에 꿴다. 크리스마스트리에 둘러서 늘어뜨리거나 벽난로 선반에 걸치면 훌륭하다.

향기 나는 솔방울

솔방울을 찬물에 담갔다가 헹군 다음 포일을 깐 오븐팬에 올린다. 180도로 설정한 오븐에 넣고 30~60분 정도 굽는다. 솔방울이 타지 않는지 잘 지켜보자. 오븐에서 꺼내 식힌 다음, 큼지막한 밀폐 봉투에 넣고 에센셜 오일을 몇 방울 뿌린다. 정향, 시나몬, 육두구, 오렌지, 소나무 등 무엇이든 괜찮다. 밀봉해서 흔들어준 다음 며칠간 그냥 둔다. 강한 향을 원하면 오일을 더 넣자. 나무 그릇에 담아 두거나 소박한 솔방울 화환을 만들 수 있다.

양초

나는 밀랍, 유채씨유(카놀라유) 또는 콩 왁스로 만든 티라이트와 향초를 사용한다(32쪽 참고). 환경에 해가 되지 않는 방법으로 만든 식탁용 초는 특히 찾기가 어려운데, 몇몇 상점과 온라인에서 취급하기도 한다.

- 유리 받침에 티라이트를 넣고 가장자리에 푸른 로즈메리 가지를 두르자. 황마 끈을 작은 나비 모양으로 묶어서 붙인다. 여기에는 재활용한 잼 병이 제격이다.
- 자그마한 골동품 테라코타 화분이나 컵을 촛대로 활용한다.

테이블 세팅

자리마다 냅킨을 말아서 황마 끈으로 묶은 다음 나비 모양이 위를 향하게 둔다. 여기에 자연에서 온 재료를 보태자. 겨우살이나 로즈메리 가지, 시나몬 스틱, 말린 오렌지 조각, 로즈힙 가지, 향기 나는 작은 솔방울이 괜찮다.

- 유리병에 푸른 잎을 넣어 테이블에 두자. 깨끗한 와인병이나 코디얼 병을 세척하고 라벨을 제거한다. 주전자에 물을 끓여서 식힌 다음, 병의 3분의 2 정도 물을 채운다. 병마다 녹색 잎이 달린 가지를 넣는다. 타임이나 로즈메리 같은 신선한 허브, 또는 유칼립투스가 어울린다. 끓인 물을 사용하면 병에 넣은 잎의 색이 금방 변하는 것을 막을 수 있다.

선물 아이디어

나는 크리스마스가 좋다. 냄새, 음식, 익숙한 영화들도 그렇지만, 무엇보다 가족과 함께하는 기쁨이 크다. 다만 이때를 위해 과소비하는 건 싫다. 과욕을 부려 그다지 필요하지 않은 물건을 샀다가, 나중에 엄청난 양의 쓰레기가 쏟아지는 일은 겪고 싶지 않다. 좀 더 윤리적으로 접근하면 쇼핑이 한층 즐거워지며, 아끼는 사람들에게 개성 넘치는 선물을 할 수 있다.

자선 활동에 후원하거나 동참하자

환경 보호나 동물 복지 단체의 회원권을 사자. 보존 프로젝트, 공동체 텃밭, 자연 보호 구역 등 지역에서 추진하는 자선 사업에 기부한다.

물질보다 경험

영화나 연극 관람권, 레스토랑의 가족 식사권을 구매한다. 서예, 사진, 제빵, 요리, 채집, 도예, 직조 등 새로운 것을 배울 수 있는 워크숍에 자리를 예약하자.

미용용품을 직접 만들자

보디로션과 거품 목욕제 선물 세트를 사는 대신 직접 만들자. 인터넷에서 방법을 찾아 목욕용 오일을 만들거나 133쪽을 참고해 라벤더와 레몬으로 향을 낸 각질 제거용 바닷소금 스크럽을 만든다. 여름 내내 꽃과 허브를 모아서 말려두자. 장미 꽃잎, 라벤더 줄기, 금잔화, 카모마일, 유칼립투스가 적당하다.

개별 맞춤 쿠폰

가족이나 친구를 위한 맞춤 쿠폰을 만든다. 하룻저녁 동안 아이 봐주기, 정원 일 돕기, 침대로 아침 식사 가져다주기 등을 적어보자.

먹을거리

치즈, 크래커, 저장 음식, 처트니, 꿀 등 지역의 먹을거리를 바구니에 담는다. 직접 만들면 금상첨화. 쿠키, 케이크, 잼, 코디얼, 가시자두 진(95쪽 참고)도 특별한 선물이다.

씨앗/식물

나는 야생화 씨앗 주머니, 과일나무, 실내용 화분을 선물하기도 한다. 받는 사람의 관심사나 취미에 맞춘 씨앗 주머니를 만들어 황마 끈, 말린 라벤더나 로즈메리 가지로 장식한다.

- **허브차 애호가**: 카모마일, 회향, 레몬밤, 페퍼민트 씨앗. 씨앗 주머니를 골동품 찻잔에 담으면 특별한 포장이 된다.
- **이탈리아 요리**: 바질, 마저럼❋, 오레가노, 타임 씨앗. 예쁜 병에 든 올리브오일을 더한다.
- **칵테일**: 보리지, 히솝, 레몬밤, 민트 씨앗. 골동품 칵테일 셰이커나 잔과 함께 구성하면 한층 매력적이다.

적게 주기

환경을 위하는 가장 쉬운 방법은 필요 이상으로 사지 않는 것이다. 장난감 상자 구석에 처박힐 싸구려 플라스틱 장난감 여러 개가 아니라, 아이가 정말 갖고 싶어 하는 특정 장난감 한두 가지를 고르고 옷, 책, 쿠폰처럼 더 유용한 것을 주자.

선물 받은 것을 다시 선물하기

아이들 선물, 액세서리, 미용용품 선물 세트에 특히 좋은 방법이다. 똑같은 것이 있거나, 사용하지 않을 것 같은 선물을 받았다면 다시 선물하자(그 물건을 준 사람에게 되돌려 주지는 말자!).

❋ 지중해 연안에서 자라는 여러해살이풀. 향신료로 활용한다. -편집자

선물 포장

예전에는 해마다 선물 포장을 하고 나서 어마어마하게 나오는 쓰레기에 기운이 빠졌다. 비닐에 든 포장지, 선물용 라벨, 스카치테이프부터 비닐 코팅한 일회용 쇼핑백까지 쓰레기장으로 갈 것투성이다. 대다수의 가정용품도 별반 다르지 않다.

나는 이제 '후로시키'❖라는 일본식 기법을 활용해 천으로 선물을 포장한다. 재사용할 수 있으며 쓰레기가 전혀 나오지 않는다. 접고 묶으면서 오후 한때를 보내는 일은 가위, 종이, 테이프를 쓰는 것에 비해 훨씬 즐겁다.

나는 면이나 리넨 조각을 즐겨 쓰는데 다소 무게 있는 내용물도 견딜 수 있을 만큼 튼튼하고, 속이 비치지 않아 활용도가 높다. 낡은 옷이나 침구에서 잘라낸 천 조각도 괜찮고 빈티지 천, 행주, 실크 스카프를 쓰면 색다른 느낌이 난다.

❖ 일본어로 '보자기'라는 뜻

후로시키 하는 법

후로시키는 의류와 선물 포장에 쓰는 일본의 전통적인 기법이다.

우선 선물 포장에 필요한 크기의 천을 준비한다. 천은 포장하려는 물건의 최소 세 배 크기가 되어야 한다. 지어놓은 매듭에 라벤더 가지, 작은 솔방울, 손으로 만든 선물용 라벨을 달아 정성스러운 느낌을 더해도 좋다.

1. 사각형 천을 펼쳐 한끝이 내 앞으로 오게끔 놓는다. 사각형의 정중앙에 선물을 둔다. 뾰족한 끝을 선물 쪽으로 꺾어 2/3 정도 되게끔 접는다.
2. 같은 쪽의 남은 면이 선물 가운데에서 직선을 이루도록 접는다. 다른 쪽도 접어 주는데, 처음 접은 것 위로 포개지게끔 한다.
3. 나머지 두 쪽을 마주 접고 매듭을 짓는다.

참고

후로시키 천 자체를 선물의 일부로 구성해 보세요. 밀랍 스틱이나 작은 병에 든 소이 왁스를 예쁜 후로시키 천으로 감쌉니다. 음식용 왁스 랩 만드는 법(81쪽 참고)을 손으로 써서 같이 넣으면 천과 내용물을 모두 사용해 랩을 만들 수 있겠죠?

부록
친환경 아이디어가 넘치는 곳

온라인

- **One Million Women(백만 명의 여성):** 환경 보호와 지속가능성의 전 영역에 걸쳐 유용한 아이디어와 캠페인을 공유하는 라이프스타일 운동 단체.

  1MILLIONWOMEN.COM.AU

- **Friends of the Earth(지구의 친구들):** 환경과 지속가능한 생활의 모든 분야에 관한 최신 뉴스 기사, 특집 기사, 정치적 이슈와 캠페인을 다룬다.

  FRIENDSOFTHEEARTH.UK

- **The Spruce(가문비나무):** 친환경 청소 팁, 남은 재료를 끝까지 쓰는 방법, 간단한 수공예 만들기 아이디어.

  THESPRUCE.COM

다큐멘터리

- **The True Cost(진정한 값어치):** 패스트 패션과 해당 산업이 환경에 미치는 악영향을 다룬 다큐멘터리.

  TRUECOSTMOVIE.COM

- **A Plastic Ocean(플라스틱의 바다):** 해양 플라스틱 쓰레기를 다룬 다큐멘터리.

  PLASTICOCEANS.ORG

- **Blue Planet, Season Two(푸른 행성 시즌 2):** 해양 플라스틱 오염 문제에 초점을 맞춘 다큐멘터리 시리즈.

  BBC.CO.UK

앱

- **Think Dirty(싱크 더티):** 화장품과 스킨케어 비교 앱으로 제품에 어떤 독성 물질이 들어 있는지 알려준다.

  THINKDIRTYAPP.COM

- **Good on You(굿 온 유):** 브랜드를 평가하고 비교하는 윤리적인 패션 앱.

  GOODONYOU.ECO

팟캐스트

- **Slow Your Home with Brooke and Ben McAlary(브룩과 벤 매캘러리와 함께 느리게 살림하기):** 단순한 삶의 모든 분야를 다룬다. 친환경 청소, 제로웨이스트, 정원 가꾸기, 명상 등 언제나 새로운 것을 배우고 영감을 얻는다.

  SLOWYOURHOME.COM

인스타그램

- **@litterless** 간단한 제로웨이스트 생활 팁.
- **@small_sustainable_steps** 지속가능성을 위한 일상의 조언.
- **@carolyn_carter** 단순하면서도 의식적인 삶을 위한 영감을 얻을 수 있다.
- **@ohwilduk** 친환경 라이프스타일, 가족 친화적인 집, 자연을 향한 사랑을 볼 수 있다.

❖ 옮긴이 **김동은**

서강대학교에서 영미어문을 전공한 후 직장 생활을 하다가 성균관대학교 번역·TESOL 대학원에 진학해 번역학과를 졸업했다. 오랜 기간 영어 교재 개발 및 편집자로 일했으며 《론리 플래닛 매거진 코리아》, 《월간 가이드포스트》의 글을 우리말로 옮겼다. 기후 변화 뉴스가 유독 잦았던 시기에 처음 만나 작업한 이 책, 《자연을 돌보는 친환경 생활》이 전하는 메시지에 따라 조금 더 친환경적인 삶을 살아보려고 한다.

◈ 자연을 돌보는 ◈
친환경 생활

초판 1쇄 발행 2023년 5월 25일

지은이	젠 칠링스워스
그린이	아멜리아 플라워
옮긴이	김동은
발행처	타임북스
발행인	이길호
총 괄	이재용
편집인	이현은
편 집	이호정
마케팅	이태훈 · 황주희 · 김미성
디자인	하남선
제작물류	최현철 · 김진식 · 김진현 · 이난영 · 심재희

타임북스는 ㈜타임교육C&P의 단행본 출판 브랜드입니다.
출판등록 2020년 7월 14일 제2020-000187호
주 소 서울특별시 강남구 봉은사로 442 75th AVENUE빌딩 7층
전 화 02-590-6997
팩 스 02-395-0251
전자우편 timebooks@t-ime.com

ISBN 979-11-92769-27-1(14590)

* 이 책은 신 저작권법에 따라 보호받는 저작물이므로 내용의 전부 또는 일부를 이용하려면
 반드시 저작권자와 ㈜타임교육C&P의 서면동의를 받아야 합니다.
* 값은 뒤표지에 있습니다. 잘못 만들어진 책은 구입하신 곳에서 바꾸어 드립니다.